"먼저 자신을 사랑하십시오."

_____님께

마음을 담아 드립니다.

내 마음의
북소리

WISDOM OF THE AGES

내 마음의

Wisdom of the Ages

북소리

웨인 **다이어** 지음 **김성** 옮김

추수밭

위대한 현인들에게 배우는 지혜

우리보다 앞서 살았던 사람들은 무엇을 느끼고 어떤 생각을 했을까? 피타고라스, 부처, 공자, 미켈란젤로, 밀턴, 셰익스피어, 에머슨 등 우리가 존경하는 수많은 정신적 지도자들이 우리와 똑같은 땅을 걸어 다니고, 똑같은 물을 마시고, 똑같은 달을 보고, 오늘 내 몸을 덥혀 준 바로 그 햇볕에 몸을 녹였다고 상상하면 호기심이 구름처럼 피어오른다. 시대를 초월한 이 위대한 인물들은 우리에게 과연 무엇을 알려 주고 싶어 했을까?

그들이 남겨 준 지혜를 깨달아 그것을 삶에 적용해간다면 우리마음 깊은 곳에서부터 변화가 일어나리라는 생각이 들었다. 이 해박한 스승들 중 상당수는 당시에 문제있는 인간으로 취급되었고, 어떤이들은 자신의 신념 때문에 죽어야 했다. 그러나 그들의 가르침은 결코 침묵으로 묻힐 수 없었다.

그들의 말은 아직도 살아 있으며, 우리에게 더 심오하고 풍요로운 인생을 경험하라고 조언한다. 현명하고 창조적인 이 사람들은 지금 이 순간에도 우리에게 속삭이고 있다.

어떤 의미에서, 지금 이 지구에 살고 있는 우리들은 우리보다 먼저 살았던 이들과 여러 가지 방법으로 관계를 맺고 있다. 새로운 기술과 현대적인 편의시설이 늘어났으나, 우리의 심장이 차지하는 공간은 여전히 똑같다. 그들의 몸속에 흐르던 에너지나 삶의 활력 역시 지금 우리 몸속에 똑같이 흐르고 있다. 이 책은 이 놀라운 사실을 마음속으로 되새겨 보고, 현명하고 위대했던 이들의 지혜를 함께 나누기 위해 쓴 것이다.

그들이 남긴 산문, 시, 연설에는 인생의 위대한 교훈이 담겨 있다. 그들은 지금과는 판이하게 다른 시대를 살았지만, 아직도 당신과 나에게 말을 건넨다. 과거의 위대한 정신은 그들의 언어를 통해 아직도 우리와 함께 존재하고 있는 것이다.

이 책의 각 장은 고귀한 스승들의 저술이 지금 당신에게 어떤 도움이 되는지 설명한다. 그리고 각각의 장 끝에는 이 교훈들을 삶에서 직접 실천할 수 있는 방법들을 실었다. 우리가 가장 존경하는 스승들의 통찰력을 당신도 공유했으면 하는 마음이다. 따라서 여기에 소개한 글 하나하나를 열린 마음으로 읽기 바란다. 그러면 내가 이 글을 쓰면서 그랬듯이, 여러분도 그들과 함께 있다는 것을 느낄 것이다.

이 책에 소개한 글은 대부분 시다. 나는 시를 유희가 아닌, 마음의 언어라고 생각한다. 그것은 또한 서로의 지혜를 주고받을 수 있는 짧지만 강력한 통로라고 믿는다.

당신은 이제 각각 다른 장소와 다른 시대에 살면서, 당신을 향해 직접적인 메시지를 남긴 위대하고도 당당한 영혼들을 만날 것이다. 비록 이 세상을 떠났지만 아직도 우리 곁에 머물고 있는 위대한 현인들을 만나 최상의 지혜를 얻길 바란다.

차례에 있는 40개의 주제를 살펴본 뒤 인내, 자비, 친절, 명상, 용서, 겸손, 리더십, 기도, 또는 그 외 과거의 스승들이 언급한 것을 더 강화할 필요가 있다면, 그 주제에 관한 글을 다시 읽고 역동적으로 적용해 보자. 그러면 당신은 위대한 현인들과 함께 당신의 하루를 최고로 경영하게 될 것이다!

당신의 마음속에 그들의 지혜가 살아 반짝이게 하고, 당신의 삶이 더 빠르고 힘차게 고동치도록 하라. 과거의 위대한 스승들은 내가 그렇게 할 수 있도록 도와주었다. 당신도 모든 시대의 지혜를 삶에 적용할 수 있기를 소망한다.

웨인 W. 다이어

● 차례

나를 위한
위한
지혜 *Wisdom of the Ages*

피타고라스와 파스칼
침묵하는 법 _ 명상

01

. .

침묵하는 법을 배워라.
너의 고요한 마음이
흡수하게 하라.
들리는 그대로.

. .

인간의 모든 불행은 방 안에 홀로
조용히 앉아 있을 수 없는 것에서 비롯된다.

· · **피타고라스(BC 580~BC 500)** 그리스의 철학자이자 수학자. 무게, 크기, 음
악적 원리 등에 관한 수학 연구에 특히 관심이 있었다.

· · **블레즈 파스칼(1623~1662)** 프랑스의 철학자, 과학자, 수학자이자 작가로
수리학과 순수 기하학 분야를 다룬 논문들을 썼다.

이 책에서 하나의 주제를 조명하기 위해 두 작가를 소개한 것은 이 장뿐이다. 피타고라스와 파스칼은 2,200년이라는 시간의 격차를 두고 살았던 사람들이다. 두 사람은 수학과 과학 분야에서 각각 당대의 가장 뛰어난 인물로 손꼽혔다.

피타고라스는 플라톤과 아리스토텔레스의 사상에 영향을 주었고, 특히 수학과 서구 합리주의 철학의 발전에 크게 이바지했다. 파스칼은 '과학적인 마인드'의 원조로 평가받는 사람 가운데 하나로, 수동식 펌프, 수압기, 그리고 디지털 계산기를 발명했다. 아직도 전 세계 학교에서는 압력에 관한 '파스칼의 법칙'을 가르치고 있다.

두 과학자가 지극히 논리적인 사람들이었음을 기억하면서, 다음 인용문을 다시 읽어 보자. 파스칼은 이렇게 말했다. "인간의 모든 불행은 방 안에 홀로 조용히 앉아 있을 수 없는 것에서 비롯된다." 피타고라스는 다음과 같이 말했다. "침묵하는 법을 배워라. 너의 고요한 마음이 흡수하게 하라. 들리는 그대로."

두 사람 모두 삶에서 침묵과 명상이 얼마나 중요하고 가치 있는지를 말하고 있다. 당신이 회계사든 예술가든 그건 상관없다. 침묵 속에서 홀로 시간을 보내는 것은 매우 가치 있는 일이다. 그들은 우리에게 다소 낯설 수도 있지만 아주 중요한 삶의 존재 방식에 대해 말해 주고 있다. 불행에서 벗어나려면 방 안에 홀로 조용히 앉아 명상하는 법을 배우라.

사람은 보통 하루에 6만 개 정도의 생각을 한다고 말한다. 문제는 어제 했던 6만 개의 생각을 오늘 또 하고 내일 다시 그 생각들을 반복한다는 것이다. 우리 마음속에는 날이면 날마다 똑같은 수다로 가득 차 있다. 조용히 앉아 명상하는 법을 배운다는 것은 생각과 생각 사이에 있는 빈 공간, 즉 생각의 틈새로 들어가는 길을 찾아내는 것이다. 당신은 생각들의 사이에 있는 이 고요한 빈 공간에서 완전한 평화가 어떤 것인지 느낄 수 있을 것이다. 보통의 경우 그 평화는 전혀 감지할 수 없는 영역에 속해 있다. 이 공간에선 혼란이라고는 전혀 찾아볼 수가 없다. 하지만 하루에 6만 개의 독립된 생각을 한다면 그 생각들 사이에 있는 공간으로 비집고 들어가기란 여간 힘든 게 아닐 것이다.

　　우리는 대부분 밤이고 낮이고 전속력으로 달릴 생각만 한다. 우리의 머릿속은 언제나 스케줄, 돈 걱정, 성(性)적 환상, 식료품 목록, 옷 문제, 아이들 걱정, 휴가 계획, 그리고 결코 멈추지 않는 회전목마처럼 반복되는 자잘한 생각들로 뒤엉켜 있다. 그런 6만 개의 생각은 대개 매일 일어나는 일상에 관한 것들로, 그 결과 침묵을 위한 공간이 전혀 없는 정신 구조가 형성된다.

　　이런 정신 구조로 인해 우리는 대화나 침묵 중에 생기는 모든 틈새를 재빨리 채워야 한다는 문화적인 믿음을 굳히게 된다. 사람들은 흔히 침묵을 당황스러움 또는 사회적인 결함과 동일시하는 경향이 있다. 우리는 재빨리 달려들어 이 공간을 채우는 방법을 배운다. 채우는 내용물이 뭐가 되든 상관없다. 차 안에서나 식사하는 동안의 침묵을 우리는 어색한 것으로 여긴다. 입담 좋은 사람은 그런 공간을 어떤 종류의 소음으로 채워야 할지 아는 사람이다.

그것은 우리 자신에 대해서도 마찬가지다. 우리는 침묵하는 훈련이 안 되어 있다. 침묵을 부담스럽거나 혼란스런 것으로 알고 있다. 그래서 우리는 내면의 대화를 외면적인 대화와 똑같이 진행하려고 한다. 그러나 내면의 대화란 고요한 영역 안에 있다. 그 영역은 피타고라스가 우리에게 '들리는 것들을 들리는 그대로 고요한 마음이 흡수하게 하라.' 고 말한 바로 그곳이다. 혼돈이 사라지고 앞을 밝혀 주는 안내자가 우리에게 다가오는 곳 말이다. 명상은 또한 우리가 침묵하지 않을 때의 일상적 삶에도 영향을 끼친다. 매일 명상을 하면 행복이 점점 커지고, 에너지가 증가하고, 생산성이 높아지고, 사람들과의 관계가 더 만족스러워지고, 신에게도 더 친밀감을 느끼게 된다.

마음이란 연못과 같다. 수면에서는 온갖 파문이 일지만 그것은 연못의 일부일 뿐이다. 진정한 연못은 고요가 있는, 수면 아래 깊은 곳이다. 우리 마음도 마찬가지다. 표면 아래로 내려가야 우리가 들어갈 수 있는 틈이 생겨 생각들 사이의 공간에 다다르게 된다. 그 틈은 온전히 비어 있으며 고요 그 자체다. 쪼갤 수도 없다. 고요함은 수십 번씩 쪼개도 여전히 고요할 뿐이다. 어쩌면 이것이 신의 본질인지도 모른다. 나누어질 수 없는 '하나' 말이다.

선구적 과학자들인 파스칼과 피타고라스는 우주의 본질을 연구했다. 그들은 에너지, 압력, 수학, 공간, 시간, 그리고 우주의 진실과 씨름했다. 여기 있는 우리 모두에게 그들이 던지는 메시지는 매우 단순하다. 만약 자기 내면의 우주를 이해하고 싶다면, 그리고 그 우주가 어떻게 움직이는지 알고 싶다면, 침묵하라. 방 안에 홀로 앉아 있는 것이 두렵더라도 그 두려움과 직면하라. 자신의 마음속 밑바닥까지 깊숙이 내려가 보라.

음악을 만드는 음표 사이에는 공간이 있다. 그 공간이 없으면, 그 사이에 침묵이 없으면 음악은 존재할 수 없다. 단지 소음만 있을 뿐이다. 당신도 수많은 형상에 둘러싸여 있지만, 당신 자신은 중심에 있는 고요하고 텅 빈 공간에 자리잡고 있는 것이다. 자신을 둘러싸고 있는 형상들을 뚫고 들어가 그 중심에 있는 가장 창조적인 본성을 발견하기 위해서는 날마다 침묵하며 생각 사이에 있는 황홀한 공간으로 들어가는 시간이 반드시 필요하다. 매일 명상하는 것은 너무도 중요하다. 직접 시도해 보지 않고서는 이 명상 훈련의 가치를 결코 알 수 없을 것이다.

명상의 가치에 대한 이 짧은 에세이를 쓰는 목적은 명상의 방법을 가르쳐주는 데 있지 않다. 그것을 가르쳐주는 훌륭한 연구 과정, 안내서, 테이프 등은 많다. 내 목적은 명상이 생산적인 일이나 사회적 책임을 잊고 오로지 명상만을 일삼는 영적 추종자들의 전유물이 아니라는 사실을 강조하려는 것이다. 명상이란 도리를 벗어나지 않고 신념에 따라 사는 사람들, 숫자를 가지고 씨름하는 사람들, 수학의 정리를 만든 사람들, 그리고 파스칼의 법칙을 믿는 사람들이 옹호했던 훈련이다. "이 끝없는 공간의 영원한 침묵이 나를 두렵게 한다."고 했던 파스칼의 심정을 당신도 아마 똑같이 느낄 것이다.

두려움을 이겨내고 방 안에 홀로 고요히 앉아 있을 수 있는 방법을 몇 가지 소개한다.

❧ 나홀로 명상법 ❧

● — 내면으로 시선을 돌려 고요한 자아의 모습을 보기 위한 훈련 방법으로, 들이쉬는 숨과 내쉬는 숨을 인지하는 연습을 해보자. 이것은 회의나 대화, 파티 중에도 할 수 있다. 자신의 호흡을 의식하면서 몇 분 동안 숨쉬어지는 대로 따르면 된다. 하루에도 여러 차례 시도해 본다.

● — 오늘 시간을 내어 방 안에 혼자 조용히 앉아 자신의 마음을 들여다보자. 마음속으로 드나들면서 꼬리를 물고 계속되는 다양한 생각들이 흘러가는 대로 따라가 보자. 마음속에서 날뛰는 이 움직임을 깨닫는다면 그 생각들을 넘어서는 데 도움이 될 것이다.

모한다스 카람찬드 간디
정신이 용감한 자_에고로부터의 자유

숫자의 힘은
겁 많은 자의 기쁨이다.
정신이 용감한 자는
홀로 싸우는 것을 자랑스러워한다.

간디의 이 말은 삶에서 원하는 것을 구현하기 위한 비밀과 양
자물리학의 신비, 이 두 가지를 부분적으로 밝히고 있다. 이 사실은
우리가 경험하는 개인적인 우주를 보이는 것과 보이지 않는 것, 또
는 물질과 정신으로 나눌 수 있다고 생각해 보면 더 명확해진다. 보
이는 세계는 감각으로 경험한 것이다. 이 세계는 원하는 것을 가질

• • **모한다스 카람찬드 간디(1869~1948)** '위대한 영혼'이라는 뜻의 마하트마
로 알려진 간디는 인도의 독립과 인도 민중의 시민권 획득을 위해 투쟁하면서
비폭력을 주장했다.

수 있다는 점 때문에 우리가 가장 흥미를 갖는 것이다.

그러나 '사물들'은 '어디'서 오는가? 이른바 실재라는 것은 어떻게 나타나는가? 양자물리학자는 이 질문에 대한 답을 구한다. 나는 최초의 양자물리학자가 보어나 아인슈타인이 아니라 사도 바울이라고 주장한다. "보이는 것은 이미 나타난 것에서 생기지 않는다." 사도 바울은 현대 양자물리학의 결론을 정확하게 말하고 있다. 분자 자체는 자신의 창조에 아무런 권한이 없다. 양자역학은 물질세계의 근원을 찾기 위해 최소 단위의 물질(물질세계)을 연구한다. 그 결론은 눈에 보이는 세계는 보이지 않는 세계에서 왔다는 것이다. 그렇다면 양자역학에 관한 이 사실들이 간디가 말한 '홀로 싸우는 정신이 용감한 자'와 무슨 관계가 있다는 것일까?

하나의 실재는 에고(이기적 자아)와 정신, 두 가지 면으로 나누어진다. 에고는 '지상에서만의 인도(earth guide only)'를 상징하는 것으로 자주 묘사된다. 왜냐하면 에고의 차원에서는 하나의 실재를 만들 수도, 나타낼 수도 없기 때문이다. 보이지 않는 세계는 정신이라고 부른다. 꿈을 드러내기 위해서는 에고에서 자유로워야 한다. 에고는 자신이 다른 사람과 분리되어 그들과 경쟁을 하고 있으며, 신(혹은 자신의 근원)과도 분리되어 있다는 주장을 펼친다. 자신이 모든 사람, 또 자신의 근원과 따로 떨어져 있는 존재라고 믿는 한, 인간은 자신의 원초적인 힘을 잃게 된다. 한편 근원과 다시 연결되거나 보이지 않는 세계(정신)와 의식적인 접촉을 하게 되면, 다시 원초적인 힘을 얻게 된다. 이것은 겉으로 드러내고, 치유하고, 삶에서 원하는 것을 끌어내는 힘을 얻었다는 뜻이다. 그러나 근원과 다시 연결이 되더라도 에고는 거기에 포함되기를 원한다.

당신이 원하는 것, 당신이 개인적 운명이라고 생각하는 그런 인생을 사는 법에 대해 다른 사람에게 말하기 시작하는 순간, 당신은 자신의 에고를 불러들이게 된다. 당신이 어떤 혁신적인 생각을 말하려 하면 에고는 자신을 방어하라고 요구할 것이다. 그러면 당신은 상대방이 그 생각을 어떻게 받아들일지에 대해 고민하게 될 것이다. 무엇보다도 가장 마음을 약하게 만드는 것은, 당신이 꿈을 나누고자 했던 그 사람들이 '현실을 알라' 거나 '주위 여건을 생각하라'고 말할 때, 그들의 논리에 귀 기울이게 되는 것이다.

무엇보다도 에고가 연루되면, 마음이 말하는 것이 자신의 운명이라는 생각을 못하게 된다. 내면 깊숙이 바라는 것을 에고와 공유하면, 숫자의 힘을 추구하게 된다. 그것이 간디가 '겁 많은 자의 기쁨' 이라고 말한 것이다. 그것에 대해 실수하지 말라. 겁 많은 자는 자신의 꿈을 드러내지 않는다. 그들은 꿈을 이루지 못한 자들의 줄에 선다.

당신의 운명이라 알고 있는 것을 위해 홀로 싸우면 다른 사람이 뭐라 하든 상관없이, 당신은 '홀로 싸우는 것을 자랑스러워하는 정신이 용감한 자' 가 된다. 정신은 당신이 보는 모든 것, 당신이 목격하는 모든 것, 당신이 관찰하는 모든 것의 원천이다. 에고의 영향에서 벗어나면 정신과 다시 연결될 수 있다. 이것은 명확하게 꿈을 간직하고, 신 또는 물질세계에 있는 모든 것의 보이지 않는 원천이라고 부르는 것과 꿈을 공유한다는 뜻이다. 그 원천과 접속하여 그것이 가지고 있는 모든 힘을 얻으라. 에고를 불러들이면 그 원천에서 확실히 분리되어 버릴 것이다.

젊었을 때 나는 경제적으로 독립하려는 꿈을 가지고 있었다. 나는 가족과 친구들에게 내 '계획'을 설명했다. 그 계획은 내가 번 모든 수입 중에서 5분의 1을, 다른 곳에 쓰기 전에 미리 저축하는 식이었다. 그때마다 나의 재테크 작전에 대해 온갖 반대하는 소리를 들었다. "현실을 모르는군. 수입의 20퍼센트를 저축할 수는 없어. 세금 내야지, 청구서 지불해야지, 가족 먹여 살려야지, 불가능해." 나는 이자를 불려나가는 방법, 15년 안에 면세 이자로 살아가게 될 비결을 설명하면서 내 계획을 고수했다. 그러나 내가 빈곤에 대한 '전문가'의 말을 들었다면 풀이 죽어 버렸을 것이다. 나는 입을 다물고 침묵하는 것을 배웠다. 내 꿈을 다른 사람에게 설명할 필요가 적어질수록, 내 꿈은 더 빨리 이뤄질 것이라는 사실을 알았다.

내 꿈을 에고 상태에서 제거하고, 대신 침묵의 힘에 의지하게 되면서 나는 재정적 독립에 관한 내면의 비전을 실현할 수 있었다. 간디의 말은 내 젊은 시절을 생각나게 한다. 그 말은 요즘에도 절실하게 마음에 다가온다. 많은 사람한테서 내 꿈을 보장받을 필요는 없다. 대신 내면의 길잡이를 믿고서 자랑스러워하는 용감한 정신이 돼라. 조금 투박한 표현이긴 하지만 똑같이 깊은 뜻을 지닌 또 다른 말이 있다. "무리를 따라가면 그들이 남긴 수많은 것들을 밟다가 끝장을 보게 될 것이다."

✤ 간디 따라하기 ✤

● ― 자신의 꿈을 다른 사람에게 보장받고자 할 때, 잠깐 멈춰 서자. 그리고 에고가 일단 개입하면 원하는 것을 만들어낼 정신적이고 과학적인 수단을 잃는다는 사실을 기억하자.

● ― 자신의 계획을 알리고 싶은 욕구를 만족시키려면 자기 인생에서 펼치고자 하는 일들을 일기에 써 보자. 최소한 일기는 자기 꿈을 의심할 이유를 만들지는 않을 것이다.

● ― 창조의 과정이 보이지 않는 것에서 보이는 것으로, 정신에서 물질로 옮겨간다는 것을 마음속에 떠올려 보자. 보이지 않는 세계와 의식적으로 접촉하는 자신의 능력을 깊이 신뢰하자.

에픽테토스
03 내가 가장 고귀하다_내면의 신성

당신은 자신 안에 있는 신의 본질 중에서도 가장 또렷한 부분이다. 그런데 왜 자신이 고귀하게 태어났다는 것을 모르는가? 자신이 어디에서 왔는지 왜 깊이 생각해 보지 않는가? 음식을 먹을 때 그것을 먹고 있는 당신은 누구이며, 당신이 누구를 먹여 주는지 왜 생각해 보지 않는가? 신에게 먹여 주고 있다는 사실을 모르는가? 운동을 할 때는 신의 몸을 체험하고 있다는 사실을 모르는가? 당신은 신과 함께 다니고 있다.

사람을 방해하는 것은 일어난 일 때문이 아니라,
일어난 일에 대한 자신의 견해 때문이다.

• **에픽테토스(55~135)** 노예 신분에서 해방된 자유 노예로, 그리스 스토아 철학자다. 저서는 남아 있지 않지만, 그의 핵심 학설은 작은 책자로 만들어져 전해 내려오고 있다.

여러 해 전에 나는 상담심리학 분야를 연구한 적이 있다. 그때 에픽테토스가 나에게 많은 영감을 주었다. 정신이 우리 감정과 행동에 어떻게 영향을 주는지에 대한 연구에서 그의 이름은 반복적으로 튀어나왔다. 그는 합리적인 감성 요법에 대한 저술에서 끊임없이 인용되었다. 이 사람의 지혜에서 받은 인상은 아직도 가슴 깊이 남아 있다. 그는 노예로 태어나 AD 90년에 자유인이 되었다가 폭정을 비판했다는 이유로 전제적인 황제에 의해 로마에서 추방되었다. 나는 이 스토아 철학자의 주요 저술들을 깊이 파고들었고, 그의 『어록』을 읽었으며, 그의 철학에 대해 많은 것을 배웠다.

여기 인용한 두 개의 발췌문은 2,000년이나 된 정신적이고 철학적인 매우 귀중한 통찰력을 담고 있다. 그것을 이 책에 포함시킨 것은 내 인생을 풍부하게 했듯이 당신의 인생도 풍부하게 할 수 있다고 믿기 때문이다.

"당신은 신의 본질 중에서도 가장 또렷한 부분이다."로 시작하는 발췌문에서, 에픽테토스는 우리가 '신의 한 부분'이며 우리 안에 신의 생기를 지니고 있다는 사실을 종종 잊는다는 것을 일깨워 준다. 이 강력한 사상은 이해하기가 매우 어렵지만, 에픽테토스는 노예 생활의 경험에 비추어 그것이 진실이라는 사실을 주장한다. 당신이 신과 함께 다닌다는 것을 충분히 인식하고 있다고 생각해 보라.

신이 어디에나 있다면, 신이 없는 곳은 없다. 거기에는 당신도 포함된다. 일단 이 깨달음과 연결되면 참된 힘의 원천을 다시 얻는다. 신이 지닌 기적적인 힘에서 당신이 분리되어 있다고 생각하면

안 된다. 당신에게 신성이 있다는 사실을 선언해야 한다. 신의 존재는 그 자체가 굉장한 잠재력인데, 당신에게 이 엄청난 잠재력이 있다는 사실을 다시 한 번 선언해야 한다. 음식을 먹을 때는 신을 섭취하는 것이며, 신을 보충하는 것이다. 잠잘 때는 신 안에서 호흡하며 신이 쉬도록 해 주는 것이다. 운동할 때는 신과 함께 움직이면서 동시에 신을 튼튼하게 만드는 것이다.

그러나 당신은 대부분의 사람들처럼 아마 그런 식으로 생각하며 자라지 않았을 것이다. 사람들에게 더 인기 있는 신의 모습은 왕관을 쓰고 흰 수염을 기른 남자의 형상으로 하늘에 살고 있는 거대한 자판기 같은 신이다. 기도라는 형식으로 동전을 넣으면 신은 때때로 물건을 배달해 주고, 어떤 때는 안 보내 주기도 한다. 이것이 우리 자신과 분리되고 동떨어진 신의 모습이다. 에픽테토스는 이런 '폭군으로서의 우주' 개념을 버리고 우리 자신이 가장 중요한 작품이며 신의 일부임을 이해하라고 제안한다.

사이 바바는 인도에서 태어난 우리 시대의 아바타로, 자신을 신의 성스러운 불꽃으로 알고 그대로 실행한 사람이다. 그는 신의 일부분이고, 신은 그의 일부분이다. 그는 공공연하게 여러 가지 방법으로 자신의 신앙심을 보여 주었다. 언젠가 서양의 한 저널리스트가 사이 바바에게 물었다. "당신은 신입니까?" 그는 공손하게 대답했다. "예, 그렇습니다. 그리고 당신 역시 신입니다. 당신과 나의 차이점은 나는 그것을 알고 있고, 당신은 그것을 모른다는 것뿐입니다." 당신이 신의 성스러운 현신임을 알면 당신은 신과 의식적으로 접촉하며, 자기 자신이나 다른 사람을 인간의 모습을 한 신으로 대하게 된다. 이것이 로마와 그리스에서 에픽테토스가 2,000년 전에 말한 것이다. 당신의 신적 본질을 믿자. 당신의 참 자아가 지닌 고귀함에 대해 왈가왈부하지 말자. 신을 향한 존경심과 똑같은 마음으로 자신을 대하자.

에픽테토스의 두 번째 의견은 간단하지만 내 평생 한 번도 접해 보지 못한 가장 유용한 정보다. 삶을 혼란에 빠지게 하는 것은 일 자체가 아니라 일에 대한 우리의 견해다. 우리를 당황하게 할 사람은 아무도 없다. 우리 외부에 있는 그 무엇도 우리를 불행하게 만들 수 없다. 일이나 사건, 다른 사람들, 그리고 그들의 의견을 우리가 어떻게 처리하느냐에 따라 우리의 느낌이 조절되는 것이다. 이것을 아는 것이 자유로움의 원천이다. 얼마나 놀라운가.

몇 년 전 학교에서 카운슬러로 일할 때, 나는 이 지혜를 자주 이용해 문제를 해결하곤 했다. 어떤 학생이 다른 사람의 말이나 행동 때문에 당황해하면 나는 이렇게 물었다. "그들이 너한테 뭐라고 했는지를 네가 모른다고 가정해 봐. 아직도 당황스럽니?" 그 학생은 이렇게 대답했다. "물론 아니죠. 그게 뭔지도 모르는데 어떻게 그것 때문에 당황할 수 있겠어요?" 그러면 나는 부드럽게 충고했다. "그러니까 네가 당황한 것은 그들의 말이나 행동 때문이 아니야. 그 일은 이미 벌어졌는데도 너는 전혀 당황하지 않았잖아. 그걸 알 때까지는 말이야. 알고 나자 반응하기로 결정했어. 당황해서 말이야." '우리의 동의 없이는 아무도 우리를 당황하게 할 수 없다.' 는 지혜

26

를 그 학생은 깨닫게 되었다.

　보석처럼 귀중한 에픽테토스의 지혜는 나의 삶과 글쓰기에 영향을 미쳤다. 그리고 그 지혜의 가치를 날마다 혼자 음미하며 즐겼다. 그 지혜가 나에게 너무 가치 있었기 때문에 그것을 당신과 공유하고자 한다. 에픽테토스에게서 얻은 이 정신적인 통찰력은 고대 산스크리트 경구와도 상통한다. "신은 광물 안에서 잠들고, 식물 안에서 잠을 깬다. 동물 안에서 걷고, 그대 안에서 생각한다." 다시 말해, 신이 잠들어 있지 않고, 깨어 있지 않고, 혹은 걸어 다니지 않는 곳은 없다는 뜻이다. 신은 모든 생명의 보편적인 원천이며, 인간 이상의 어떤 존재이다. 그리고 이 존재는 당신 안에서 지금 생각하고 있다.

　당신은 어떻게 생각하는가? 생각의 거대한 능력을 깨닫기 위해 이 신의 존재를 이용해 보자. 사람을 불편하고 흔들리게 만드는 것은 사물도, 사건도, 환경도, 타인의 의견도 아니다. 그것은 당신의 행복을 결정할 그 양 극단을 처리하기 위해 자신 안에 있는, 보이지 않는 원천인 신을 어떻게 사용하느냐에 달려 있다. 그리고 더 이상은 없다! 신은 당신 안에, 당신과 함께, 당신 뒤에, 당신 앞에, 그리고 당신 주위 어느 곳에나 있으며, 어디서나 느낄 수 있으며, 특히 당신에게 일어나는 일에 대한 당신의 의견 안에 있다는 것을 깨닫자.

✤ 신과 함께하는 지혜 ✤

● ─ 당신은 신이 만든 존재이며, 다른 사람뿐만 아니라 자기 자신에게도 사랑스럽게 대접받을 자격이 있음을 매일 상기하자. 자신을 신과 분리된 존재가 아니라 신과 연결된 존재로 보면 자신에 대해 더 큰 존경심을 느끼게 될 것이다.

● ─ 당신 안에, 그리고 당신이 하는 모든 것 안에 있는 신의 존재를 확인하는 의식을 정기적으로 행하자. 음식에 감사하며, 먹을 때는 신에게 음식을 먹이고 있다고 생각하자. 마찬가지로 육체적인 활동을 할 때는, 당신의 모든 세포 안에 있는 신의 에너지를 마음에 그려 보자.

● ─ 비, 공기, 태양, 폭풍을 포함해서 어떤 형태로 나타난 것이든, 당신이 받은 모든 것에 감사하자. 감사는 모든 사물에 깃들어 있는 신을 자각하는 방법이다.

● ─ 불행을 외부 환경 탓으로 돌리는 경향을 깡그리 지워 버리자. 뭔가에 방해받고 있다고 느끼면 스스로에게 물어보자. "이 불편함을 없애기 위해 이 일들에 대한 내 견해를 어떻게 바꿀 수 있을까?" 그런 다음 핑계나 비난이 없어질 때까지 열심히 생각을 바꿔 보자. 핑계나 비난에서 벗어나 기꺼이 신을 느끼는 상태로 옮겨가면 그것은 매우 쉽사리 이뤄질 수 있다. 에픽테토스가 2,000년 전에 우리에게 제안한 것처럼.

04 바라는 대로 된다 _ 자유의지

심리학에는 한 가지 법칙이 있다. 이루고 싶은 모습을 마음 속에 그린 다음 그 그림이 사라지지 않게 오랫동안 간직하고 있으면, 반드시 그대로 실현된다는 것이다.

윌리엄 제임스 가족은 뛰어난 업적을 쌓은 사람들이다. 그의 아버지 헨리 제임스 시니어는 이마누엘 스웨덴보리의 가르침에 기초를 둔 독창적인 철학을 발전시킨 철학 신학자로 매우 존경을 받았다. 윌리엄의 한 살 어린 형제 헨리는 『데이지 밀러(Daisy Miller)』, 『어떤 부인의 초상(The Portrait of a Lady)』, 『사자들(The Ambassadors)』 등을 쓴 세계적인 소설가가 되었다.

많은 사람들이 윌리엄 제임스를 근대 심리학의 아버지로 여기

· · **윌리엄 제임스(1842~1910)** 미국의 철학자이자 심리학자이며 교사. 신학, 심리학, 윤리학, 형이상학 분야에서 타고난 필자였다.

고 있다. 이 짧은 인용문에서, 그는 우리 모두가 일상생활에서 매일 사용하는 강력한 무기를 하나 보여 주고 있다. 그것은 아주 간단하면서도 매우 훌륭하다. 완벽하게 이해를 한다면, 정확히 자신이 원하는 그런 사람이 될 수 있는 위대한 비밀이기도 하다. 하지만 너무 단순하기 때문에 사람들은 종종 이 비밀을 무시하고 자신의 불행을 신, 환경, 경제, 유전, 가족사의 탓으로 돌린다. 그리고 나서 자신의 실패와 결함에 대해 장황하게 변명한다.

윌리엄 제임스는 종교, 철학, 심리학을 가르치는 훌륭한 교수가 되고 싶어했는데, 그는 이 세 분야를 통해 비과학적인 철학을 실험실의 과학으로 발전시켰다. 그는 결정론의 철학을 폐기하며, "나는 자유의지에 의한 첫 번째 행위로서 자유의지를 믿을 것이다."라고 선언했다. 그는 이 글 시작 부분에서 한 말을 '심리학의 법칙'에서 인용했다. 우리 마음속에 그림을 그리는 이 과정을 종종 시각화라고 한다. 그것은 "너는 네가 생각하는 대로 될 것이다."는 성서의 아이디어에 기반을 두고 있다. 이것은 긍정적 사고라는 아이디어보다 훨씬 수준 높은 것이다. 완전히 새로운 차원에서 인생이 펼쳐지는 것을 보고 싶다면, 이 법칙이 작용하는 원리를 찾기 바란다.

우리는 꿈꿀 때와 마찬가지로, 생각을 할 때도 그림을 그린다. 단어도, 문장도, 구절도 없고, 정신적인 이미지만 있을 뿐이다. 단어는 서로 의사소통을 하거나 그런 그림들을 묘사할 수 있게 해 주는 상징들이다. 윌리엄 제임스가 자신의 자유의지로 통제한다고 말하고 있는 것은 바로 이 그림을 그리는 과정이다. 그 그림이 희미해지지 않게 하면서 충분한 시간 동안 마음속에서 사라지지 않게 간직하는 법을 배울 수 있다면, 정말로 그림이 현실이 되게 할 수 있다. 당신은 바로 자기 존재, 자기 삶에서 볼 수 있는 모든 것의 공동 창조자가 될 것이다.

나는 이런 원칙에 따라 『네 운명을 명시하라(Manifest Your Destiny)』라는 책을 썼다. 여기서 그 아홉 가지 원칙을 되풀이하지는 않겠다. 대신 '네 가지 R'이라는 나의 아이디어를 통해서 오늘 하루를 시작하도록 제안하려 한다. 여기 '네 가지 R'이 한 문장 안에 있다. 정말로, 정말로, 정말로, 정말로 원하는 것은 결국 얻게 될 것이다.(What you Really, Really, Really, Really, want, you will get.)

첫 번째 'R'은 '진정으로 소망하는(Really-wish)' 것을 나타낸다. 승진, 새 차, 몸무게 줄이기, 중독에서 벗어나기 등, 자신이 좋아하는 것의 그림을 만들어 내는 곳은 여기다. 일단 그림이 만들어지면, 자신이 원하는 일을 하고 있거나, 원하는 새 차를 몰고 있거나, 원하는 몸무게에 도달해 있거나, 중독에서 벗어나 있는 모습을 그림 속에서 보게 되므로 그것들을 바라게 된다. 우리가 겉으로 표현하는 모든 것들은 내부의 그림 그리기가 기초가 되어 그것을 바라는 데서 시작된다.

두 번째 'R'은 '진정으로 갈망하는(Really-desire)' 것을 상징한다. 바라는 그림을 마음속에 가지고 있는 것과 갈망하는 것의 차이는, 그것을 자발적으로 기꺼이 요구하느냐 아니냐에 있다. "구하라, 그러면 얻을 것이다."라는 말은 공허한 약속이 아니다. 상상 속에서 바라는 것은 무엇이든지 큰 소리로, 그러나 비밀스럽게 이루어 달라고 요구하자. "하느님, 실제로 이 그림이 이루어지도록 도움을 주십시오."

세 번째 'R'은 '진정으로 의도하는(Really-intended)' 것을 의미한다. 이제 원하는 그림을 얻었으니, 그것을 의도나 의지를 실은 말로 표현하는 것이다. 그 내용은 이렇다. 창조적 지성이라고 부르고 싶은 신적 존재를 떠올리면서 "그의 도움으로 내 세계 속에 이 그림을 가져오려고 한다."고 말하는 것이다. "일이 잘 풀린다면" 혹은 "행운이 따른다면"과 같은 말로 의심의 여지를 둘 필요는 없다. 의도를 실은 말은 윌리엄 제임스가 이 장의 첫 부분에서 명확하게 언급한 법칙에 기초를 두고 있다.

네 번째 'R'은 '진정으로 열정을 느끼는(Really-passionate)' 것, 혹은 내가 의지의 강화라고 표현하는 것을 뜻한다. 당신의 열정적인 목적을 누군가가 꺾어 버리거나, 당신의 그림에 악평을 하도록 놔두고 싶지는 않을 것이다. 그래서 다른 사람의 부정적인 의견에 저항한다. 그리고 삶 속에 만들어 넣으려고 하는 것에 대해 가능한 한 입을 다물어 버린다. 이 열정은 윌리엄 제임스가 "그 그림이 사라지지 않게 오랫동안 간직하고 있으면……" 이라는 말로 설명하고 있는 것이다. 갈망하는 것을 모두 삶에 끌어들이는 데 '정말로, 정말로, 정말로, 정말로' 성공한 사람들은 결코 운이 좋아서 그렇게 된 것이 아니다. 환경 때문에 갈망하게 된 것도 아니다. 그들은 자신들을 위해 작용하는 '네 가지의 R'을 모두 가졌다. 특히 네 번째 R을 가졌다. 그들은 '진정으로 열정적인' 사람들이다.

내 모든 저서와 테이프를 포함해서, 실제로 내 인생의 모든 것들은 이 '심리학의 법칙'을 적용한 결과들이다. 이것들은 모두 '소망'에서 시작되었다. 이 책도 내가 평생 동안 그토록 흠모한 사람들의 위대한 지혜와, 비록 이 세상을 떠났지만 그들이 오늘의 우리 모두에게 제시하고 있는 것들을 사람들에게 들려 주고 싶다는 '소망'으로 시작되었다. 나는 실제로 이 책의 각 장마다 나오는 여러 시와 글들, 그리고 독자 여러분에게 드리는 내 에세이를 그림 상태로 보았다. 그런 다음 아내와 편집자뿐 아니라 변호사에게 이 '갈망'을 얘기했다.

이 소망을 품은 뒤에 실제로 그런 책을 만들어 내기 위한 '의지'가 이어졌고 출판과 관련된 다양한 사람들과의 만남이 이루어졌다. 어떤 사람은 좋아했고, 어떤 사람은 시를 분석하는 것은 대중적이지 못하다는 이유로 회의적인 태도를 보였으며, 어떤 사람은 나의 기를 꺾어 버렸다. 나에게는 책에 대한 그림이 있었다. 그리고 이 위대한 스승들을 독자들에게 소개한다는 아이디어가 좋았다.

마침내 '열정'이 일을 떠맡는 단계가 되자, 내가 그 그림을 모른 체하는 건 불가능한 일이 되어 버렸다. 윌리엄 제임스가 말한 것처럼, "반드시 그대로 실현된 것이다." 그래서 여기까지 왔다. 바로 당신 손에까지. 이 일에 대한 열쇠는 '네 가지 R' 모두를 작용하게 해서 실제로 그것들을 활용하는 것이다.

"당신은 왜 주저하는가?" 이 말은, 어떤 일이 왜 그려진 대로 실현되지 않았는지 사람들이 의아해 할 때 내가 하는 질문이기도 하다. 열정이 있을 때, 그리고 외부의 원인들이 방해하는 걸 일체 거부할 때 당신을 멈추게 할 수 있는 것은 없다. 윌리엄 제임스에 의하면, 그것은 법칙이다!

이 법칙이 당신의 인생에서 영향력을 발휘하게 하려면 '네 가지 R'을 이행하라.

✤ 네 가지 R ✤

● ― 원하는 것은 무엇이든지 흔쾌히 소망하자. 당신은 우주에 가득 차 있는 것들을 나눠 가질 자격이 있다. 자신을 한계 안에 가두지 말자. 자신을 가치 없다고 보지 말자. 당신은 신의 신성한 창조물이다. 이 지구상에 살았던 누구보다도 많은 부와 사랑과 건강을 누릴 자격이 있다.

● ― 자신의 이름과 자신의 말투로, 사람들이 신이라고 부르는 창조적 지성에게 요청하는 형식으로 당신의 소원들을 표현하자. 기꺼이 도움을 청하자. 침착하게 당신의 바람을 소리 내어 말하고 글로도 적어 두자. "구하라, 그러면 얻을 것이다."라는 말은 공허한 약속이 아니다.

● ― 의심 없는 확실한 용어를 써서 당신의 바람을 말로 나타내 보자. 바라기는 하지만 기대는 안 한다는 식의 표현으로 자신의 바람을 위장하기보다는 "나는 할 거야.", "그렇게 될 거야.", "나는 할 작정이야." 와 같은 말을 사용하자.

● ― 자신에 대한 그림을 되도록 많이 간직하자. 그것을 실현하려는 자신의 의도도 함께 간직하자. 반대에 부딪히면 용기를 잃는 대신에 부정적인 것들을 열정적 에너지로 바꿔 그림을 선명하게 볼 수 있고 만져 볼 수 있는 초점으로 맞춰 놓자.

05

랠프 월도 에머슨

진리는 내가 알고 있다_자주성

「자립」에서

우리가 고독할 때면 어디선가 들려오는 목소리가 있다. 그러나 우리가 세상 속으로 걸어들어감에 따라 그 소리들은 점점 희미해져서 들을 수 없게 된다. 어떤 곳이든지 사회는 그 구성원 모두의 인간성을 거스르는 음모에 빠져 있는 법이다. 사회는 마치 하나의 주식회사와도 같다.

그 회사의 구성원들은 주주들의 몫을 더 확실히 보장해 주기 위해 주주의 자유와 문화를 제한하자는 데 동의한다. 주식회사에서 요구하는 미덕은 대부분 획일적인 통일이다. 홀로 자립적인 행동을 취하는 사람들은 회사의 기피대상이 된다. 회사는 진실한 것을 외면하며, 창조적인 사람들을 좋아하지 않는다. 회사가 좋아하는 것은 이름과 관습뿐이다.

인간이 되려면 누구나 반획일주의자가 되어야 한다. 영원한 승리를 얻으려는 사람은 선이라는 허명에 방해받지 말고, 그것이 이름 그대로 선한 것인지 아닌지 조사해 보아야 한다. 결국 신성한 것은 아무것도 없다. 신성한 것은 자신의 마음이 지니고 있는 본래의 모습, 흠 없는 모습뿐이다.

「자립」이라는 에세이 한 편에 담긴 사상이 내 모든 저술에 영향을 끼쳤다. 한 세기도 훨씬 넘었지만 나는 에머슨을 가장 위대한 스승으로 여기고 있다. 그의 에세이 중 가장 유명한 것은 아마 「자립」일 것이다. 초월주의 운동의 아버지인 에머슨은 여기서 스스로가 생각하는 '나'라는 인간이 되는 것의 의미를 깊이 되새기고 있다. 「자립」, 그리고 에머슨과 동시대 사람인 헨리 데이비드 소로의 「시민 불복종의 불가피성에 대하여」라는 에세이가 열일곱 살 고등학생이던 나에게 준 충격을 아직도 기억하고 있다.

이 짤막한 인용문에서 에머슨이 말하고 있는 것은, 완전하게 살아 있기 위해서는 반획일주의자가 될 필요가 있고, 교화되는 것에 저항할 필요가 있다는 것이다. 사회는 획일화된 통일을 요구하기 위해 개인의 자유를 희생시킨다고 그는 주장한다. 즉, 사회는 맞춰서

• • 랠프 월도 에머슨(1803~1882) 전통적인 사상에 도전한 미국의 시인이자 수필가이며 철학자. 진실을 이해하기 위한 방법으로 직관을 지지하는 철학을 발전시켰다.

살든지 아니면 퇴출자가 되라고 요구한다. 에머슨은 개인의 정신은 절대적으로 신성하고 흠 없는 것이라고 주장한다. 자, 신성한 것은 규칙도, 법도, 사회적인 관습도 아닌 당신의 마음, 인간의 정신이라고 우리에게 얘기하는 에머슨이 목사였다는 사실을 기억하자. 「자립」에서 더 나아가 에머슨은, "나에게 신성한 법은 있을 수 없다. 내 본성을 따르는 법칙을 제외하고는." 이라고 선언한다. 용감한 이 말은, 신성함은 교회 제도 안에 있는 것이 아니라 개인의 마음속에 있다는 것을 알아 버린 두려움 없는 사람에게서 나온 말이다. 자신을 신성한 피조물로 만드는 것은 자신의 행동이다. 회원증이 그렇게 만드는 게 아니다. 생각이 자유로운 사람이 되어야 자신을 신성하게 만들 수 있는 것이다. 자신의 악의나 허영을 보호하기 위해 법 조항을 아무리 잘 외운다 해도 그로 인해 신성해지는 것은 아니다.

　인류에게 저질러 온 수많은 악에 대해 우리가 깊이 생각하지 않으면, 사회의 법이 방어하고 보호해 주는 우산 아래에서 그 악들은 실제로 다 이뤄질 것이다. 소크라테스가 죽임을 당한 이유는, 의견이 다른 지성인은 그렇게 처리하는 게 적절하다고 법이 말했기 때문이다. 잔다르크는 그것이 법이기 때문에 기둥에 묶여 화형을 당했다. 헤롯은 그가 정한 법에 따라 나라 안에 있는 모든 사내아이들을 조직적으로 죽이라고 명령했다. 내 어머니가 태어났을 때, 미국 인구의 절반에 해당하는 여성들이 참정권이 없다는 이유로 투표할 수 없었다. 내가 태어났을 때는 수백만 명이 죽음의 수용소로 떼 지어 밀려 들어갔다. 그들의 재산은 비인간적인 법 때문에 모두 몰수되었다. 흑인에게 '버스 뒤쪽에 앉아라, 음료수를 분리된 음수대에서 마셔라, 기회를 잡을 수 없거나 잡기 어려운 삶을 살아라.' 고 요구한 것은 법이었다. 그러니 제발 행동을 정당화할 사회의 법과 규칙을 외우지 말자.

자립이 의미하는 바를 진실로 이해하는 사람은 규칙보다는 윤리에 따라 삶을 살아간다. 어떤 애매모호한 법과 규칙과 사회적 관습이 사실상 정당화할 수 없는 것은 없다. 자기 마음의 무결함이 제일이라는 생각을 먼저 하지 않는 사람들은 자신들이 한 짓을 설명하기 위해서 법을 들먹일 것이다. 더 성스러운 존재가 되기를 열망한다는 것은 스스로 획일화를 믿지 않는다는 의미다. 에머슨은 이 열정적인 에세이에서 "우리가 상징과 이름에 대해, 거대 사회와 죽은 관습에 대해 얼마나 쉽게 저항을 포기하는가 생각해 보면 나는 부끄럽다."고 말한다. 그는 법률에 의해 보호받는, 오랫동안 유지되어 온 부도덕한 인습인 노예제도에 대해 공공연하게 말했다. "나는 올바르고 활기 있게 살아야 한다. 그리고 언제나 생생한 진실을 말해야 한다. 악의와 허영이 자선의 코트를 입고 있다고, 그걸 그냥 내버려 둘 수 있는가?" 노예제도가 합법적이며 사회로부터 보호받고 있던 때에 에머슨이 이렇게 말하고 썼다는 것을 상기해 보라.

자립에 대한 이 에세이가 오늘날 우리에게 말하는 것은 무엇일까? 규칙이나 법률보다는 우리 자신을 지배하는 내부의 빛으로부터 윤리를 배양하라고 고무한다. 그것이 옳다는 것을 깨닫게 되면, 그것은 이 책에 기록된 많은 영적 원칙들과 조화를 이룰 것이다.

예를 들면 자비 같은 것이다. 법은 죄수들을 처형할 때 전혀 자비를 보이지 않는다. 입법자나 판관이나 언론이 범인에게 전혀 자비심을 보이지 않았다고 말할 때, 우리는 법이 왜 자비를 보여야 하는지 자신의 의견을 명확하고 논리적으로 표현해야 한다. 그러기 위해서는 무엇이 옳은지에 대한 감각을 찾아야만 한다. 만약 자비가 영적으로 실행해야 할 일의 본질적 모습이라면, 다른 사람의 자비심 부족을 읊는다고 해서 자신의 내적 진실을 눈감는 것이 정당화될 수는 없다. 자비롭고 싶다면 자립적으로 행동하라. 그것은 무리를 좇아서 생각하거나 자신의 내적 진실을 말할 때 논리적인 규칙을 들먹이는 것이 아니다. 에머슨은 어떤 법이든 고의적으로 거부하라고 가르치지 않는다. 삶을 살아가는 데 자신의 윤리 감각을 활용하라는 것이다. 그는 그것을 명확히 했다. "인간이 되려면 누구나 반획일주의자가 되어야 한다."

에머슨에게서 나온 이 심오한 진리를 채택하는 가장 좋은 방법은 생활 속에서 조용하게 실천할 방법을 배우는 것이다. 획일화되기를 어떻게 거부했는지 드러내 놓고 떠들 필요 없이, 자기 안에 있는 편안한 힘에서 위안을 찾고 자신에게 의지하는 법을 아는, 침묵하는 개인으로 걸어가는 것이다.

나는 열일곱 살 때 에머슨의 에세이를 처음 본 것이 계기가 되어, 그의 철학을 실천하기 시작했다. 열아홉 살이던 1959년에는 해군에서 '유에스에스 레인저(USS Ranger)'라는 항공모함에 처박혀 있었는데, 아이젠하워 대통령이 우리 위를 비행할 것이라는 계획이

잡혔다. 그에 따라 대통령이 샌프란시스코 회담을 위해 날아오르면 모든 수병이 정복을 입고 비행 갑판 위에 줄줄이 서서 "HI IKE(하이 아이크)"라는 글자를 만들라는 명령이 떨어졌다. 내가 그 행사에 참 가해야 한다는 사실을 알았을 때, 나는 분노와 모욕감을 느꼈다. 하지만 나는 소수파인 것 같았다. 확실히 대다수 수병은 인간 글자로 된 이 인사를 만들어 내기 위해 일제히 '집단 대형'을 이루는 걸 개의치 않았다. 나는 항의를 하기보다 에머슨의 말을 떠올렸다. "인간이 되려면 누구나 반획일주의자가 되어야 한다." 나는 침묵 속에서 반획일주의자가 되어야 했다. 위엄을 지닌 한 개인으로서 나의 자립에 대한 모욕이 끝날 때까지 배 밑바닥 깊숙이 숨어 있는 동안 나는 획일주의자들이 임무를 완수하도록 허용했다. 감정의 폭발이나 무용한 싸움도 없었고, 그저 침묵 속에 행했다.

규칙은 어떤 특정 방식으로 살아야 할 이유가 못 된다. 자립이라는 속성을 경험해 볼 것인지를 먼저 무결한 당신 마음에게 물어보아야 한다. 이 교훈은 삶의 전 영역에 적용된다. 자유시간을 어떻게 보낼 것인지에서 어떻게 옷을 입고, 무엇을 먹고, 아이를 어떻게 키울지에 이르기까지. 사회적 음모에 동조하여 당신 내부의 목소리가 점점 희미해져서 들리지 않게 내버려 두면 안 된다. 원래의 자신을 찾아 자신이 옳다고 알고 있는 것에 따라 자신의 영적 본질과 조화를 이루며 자신의 삶을 살자. 그것이 본래 자기 모습에 따라 사는 것이다.

에머슨의 메시지는 간단히 말해서, 당신 자신이 되라는 것이

다. 당신을 존경하고, 당신 마음의 고결함과 당신의 일상 행동 사이
에 조화로운 관계를 만들라는 것이다.

● — 에세이 「자립」 전문을 읽고 에머슨이 표현한 핵심을 메모해 보자.

● — 어떤 방식으로 행동하는 이유를 정당화하기 위해 규칙이나 법률을 들먹이려고 할 때 그걸 자제하고 인간적인 무결한 마음으로 돌아가자. 무슨 일을 할 때는 그것이 옳기 때문에, 그리고 자신의 영적 진실에 부합하기 때문에 해야 한다. 용서가 신성하다는 것을 안다면, 용서하고 싶지 않은 마음을 정당화하기 위해 법 같은 걸 운운하지 말자.

● — 입거나 행동하는 방식이 스스로 만족스러워서인지, 아니면 다른 이들에게 맞추기 위해선지 자신에게 물어보자. "좋아하기 때문에 이것을 입고, 이런 행동을 하는가, 아니면 다른 사람에게 맞추는 것이 중요하기 때문인가?" 그런 다음 독자적인 선택을 하고서 기분이 얼마나 좋아지는지 보자.

● — 자아 정체성이라는 측면에서 사회로부터의 독립을 선언하자. 2,500년 전에 소크라테스가 선언했다. "나는 아테네 사람이 아니고 세계 시민이다." 당신 역시 신의 창조물이며, 사회로부터 제한받지 않는다.

● — 단지 다른 사람들이 다 하기 때문에 따라하는 식으로 행동하지 말자. 만약 그것이 당신의 윤리적 정의에 부합하면, 주변 사람들의 말이나 행동에 구애받지 말고 무슨 수를 쓰든지 시작하자.

헨리 데이비드 소로

06

내 마음의 북소리 __획일화에 대한 거부

『월든』에서

어떤 사람이 자기 동료들과 보조를 맞추지 않으면, 아마 그
는 다른 사람이 치는 북소리를 듣기 때문일 것이다. 그가 자
신이 듣는 음악에 맞춰 걷게 내버려 두자. 그 북소리의 박자
가 어떻든, 또 얼마나 먼 곳에서 들리든.

몇 년 동안 내 책을 읽었거나 내 테이프를 들은 사람들에게서
내가 가장 듣기 좋아하는 말 중 하나는 이런 것이다. "당신의 말이
결국은 내가 미치지 않았다는 것을 확인해 주었어요. 평생 동안 사

---

* •**헨리 데이비드 소로(1817~1862)** 하버드에서 공부했지만 자신의 영혼이 이
끄는 대로 따라가 인기 없는 작가이자 시인의 길을 택했다. 에머슨과 함께 뛰어
난 뉴잉글랜드 초월주의자로 꼽혔고, 자연과 자유와 개성을 사랑했다.

람들은 나에게 이렇게 말했죠. 내 사고방식에 뭔가 잘못된 게 있다구요. 당신의 말은 내가 미치지 않았다는 걸 깨닫게 해 주었어요."
내가 그와 똑같은 종류의 직관적인 진실을 파악한 것은 소로를 읽을 때였던 것 같다.

나는 종종 소로의 흉내를 내는 나 자신을 상상한다. 숲 속에서 단순하고 진지하게 살면서 자급자족하고, 마음속 깊이 느낀 것들을 글로 쓰는 생활을 하는 것이다. 다른 사람이 나를 어떻게 생각하고 대하든 상관 않고 살아간다는 것은 꽤나 고상해 보인다.

우리의 내부에는 이렇게 속삭이는 목소리가 있다. "위험을 감수하고 꿈을 좇아 충만한 삶을 살아라. 다른 사람을 해치지 않는 한 말이야. 왜 안 돼?" 그런데 우리 외부에는 이렇게 외치는 목소리들이 있다. "바보짓 하지 마. 실패할 거야. 다른 사람들처럼 살아. 자신이 원하는 대로 한다는 것은 이기적이고, 다른 사람을 다치게 하는 거야."

우리 동료들은 우리가 그들과 보조를 맞추도록 끊임없이 몰아가며, 그렇지 않으면 추방하겠다고 위협한다.

일반적으로 사회는 살아 있는 체제 순응자들과 이미 죽어버린 문제아들을 존경하는 것 같다. 어떤 일에서나 뚜렷한 업적을 쌓은 사람들은 그들에게 들리는 음악에 귀를 기울이며 다른 이들의 목소리에 얽매이지 않고 앞으로 나아갔다. 그렇게 되면 그들에게는 문제아, 구제 불능자, 적응 불능자라는 딱지가 붙는다. 하지만 그들은 사후에 존경받게 된다. 헨리 데이비드 소로도 마찬가지다. 그는 「시민

불복종의 불가피성에 대하여」라는 에세이 때문에 비난을 받았으며, 불합리한 지배라고 생각하는 것에 복종하기를 거부했기 때문에 감옥에 갇혔다. 하지만 오늘날의 고등학교나 대학에서는 모두들 소로를 꼭 읽으라고 요구하고 있다.

내부에서 들리는 북소리는 자신의 영혼이 목적하는 바와 관계가 있다. 사회에 적응하겠다는 생각으로 그 북소리를 무시하거나 억누른다면, 그 때문에 계속 마음이 편치 않을 것이다. 어떤 사람들은 당신을 사랑하는 마음에서 좋은 의도를 가지고 자신의 북소리에 발맞춰 가자고 당신에게 애원하기도 한다. 그들은 "당신이 가장 관심을 갖는 것을 나만은 알고 있어. 이건 경험에서 나온 소리야. 내 조언을 따르지 않으면 후회할 거야."라고 말한다. 우리는 그 말을 듣고 모두가 원하는 모습이 되기 위해 많이 노력한다. 하지만 다른 누구도 희미하게나마 들어본 적이 없는 성가신 북소리가 당신의 귀에는 어디서나 쿵쾅거리며 울려 퍼진다. 그것을 계속 무시하면 좌절하는 삶을 살게 될 것이다. '편안함 속에서 고통받는' 것을 배울 수도 있는데, 당신이 이룰 수 있는 것은 그 정도뿐이다.

소로는 19세기 중반에 쓴 이 글을 통해 자급자족과 행복에 관해 말하고 있다. 행동이나 상황을 강요받는다고 느낀다면, 그것은 모두 영혼의 목소리이다. 꿈을 좇는 다른 사람의 권리를 방해하지 않는 한, 자신한테만 들리는 멜로디를 들으며 거기에 맞춰 행동할 용기를 갖도록 설득하는 영혼의 목소리인 것이다. 그것은 주변 사람들에게도 마찬가지인데, 당신에게는 낯선 북소리를 그들 역시 듣고 있다. 그들도 자신들이 듣고 있는 음악에 따라 발을 내딛는 게 금지되어서는 안 된다. 비록 귀에 거슬리고 음정이 고르지 않게 들릴지라도.

모든 사람이 같은 음악에 맞춰 행진하고, 거기에 순응하며, 아무도 벗어나려 하지 않는다면 우리 모두는 여전히 동굴 속에 살면서 다음과 같은 조리법을 반복하고 있을지도 모른다. "들소 한 마리를 통째로 잡아 가죽을 벗기고, 불에 구워 게걸스럽게 먹어라." 진보란 마음속에서 들려오는 소리를 개인들이 처음으로 듣고서, 종족의 항의를 무시하고 그 메시지에 따라 행동한 결과이다.

나는 예쁜 아이들이 여덟이다. 그들이 내 강의를 듣고, 내 관심사를 따르기로 결정하여 내가 이 세상을 떠난 뒤 내 주장을 선택해준다면 얼마나 좋을까. 그러나 아내와 나는 너무나 잘 알고 있다. 어떤 애들은 내 열정에 극한 관심을 갖는 반면, 다른 애들은 내 열정을 확실히 이해하지 못하는 것처럼 보인다. 말타기만을 원하는 아이도 있고, 노래 부르고 춤추는 것만 좋아하는 애들도 있다. 한 애는 경제학에다 회계까지 좋아한다. 그런데 딴 녀석은 광고와 스키를 좋아한다. 그들 모두 자신의 북소리를 듣고 있다. 어떤 경우 그 북소리는 확실히 내가 듣고 있는 것과 거리가 멀다. 하지만 나는 그들의 직관과 선택을 존중한다. 스스로 길을 찾아갈 수 있을 때까지 나쁜 길로 새지 않게 인도할 뿐이다. 나는 늘 내 북소리에 맞춰 걸어왔다. 그 북소리는 나와 가장 가까운 가족뿐 아니라 우리 문화와도 맞지 않을 때가 많았다.

나는 전통적인 심리학적 관행에 문제를 제기하는 책들을 써 왔다. 내가 말하는 것이 현재 통용되는 일반적인 전문 지식과 180도 다를 때도 나는 그것을 내 책에서 말했다. 나에게 설교하는 소리들을 늘 상당 부분 무시했기 때문에, 청중에게도 내 식으로 하라고 설교할 마음은 전혀 없었다.

남북전쟁 전인 1840년대로 돌아가, 소로와 함께 숲 속을 거닌다고 상상해 보자. 그의 생각들은 자신이 읽거나 들은 철학에 기초를 둔 것이 아니라, 획일화하려는 폭력에 대한 느낌과, 백인들이 아메리카 원주민들을 다룬 방법에 대해서 직접 체험한 공포에 기초한 것이다. 당시 인디언들을 그들이 살고 있던 땅에서 쫓아내는 일이 광범위하게 저질러졌는데, 그것은 바로 백인들이 저지른 대량 학살이라는 것을 그는 알고 있었다. 그래서 그는 자연 속에 살면서 다수의 압력에서 벗어나 자급자족하는 생활을 하기 위해 떠났다. 그는 동료들과 보조를 맞추지 않았으며, 당시에는 그것 때문에 비난을 받았다.

하지만 시간이 지난 지금, 그는 우리가 존경하는 문제아 중 하나가 되었다. 마음속으로 소로와 함께 걷는 상상을 해 보자. 당신에게 들리는 목소리와 당신만이 느낄 수 있는 북소리에 귀를 기울이자. 사랑하는 사람들의 가슴속에 있는 북소리를 존중해 주면서, 자기 안의 북소리도 귀중하게 생각하자. 이것은 무조건적인 사랑이 취할 수 있는 최고의 행동이다. 살아 있는 동안 상 같은 건 못 받을지 모르지만, 당신은 성스러운 목적을 달성했고, 다른 사람들에게도 그렇게 해 보라고 격려했던 사실로 인해서 평안을 느낄 수 있을 것이다.

소로의 조언을 실천하기 위해 다음과 같이 해 보자.

✤ 자신만의 북소리 ✤

● — 주변 사람의 기대를 기준으로 자신을 미쳤다, 안 미쳤다 평가하지 말자. 스스로 느껴지는 것이 있고, 그것이 아무에게도 해가 되지 않는다면 그것은 믿을 만하고 매우 분별력 있는 것이다.

● — 자신의 북소리에 맞춰 행진하는 것은 때로 동족의 오해와 분노까지도 불러일으키게 될 것이라는 것을 명심하자. 한순간도 그것을 개인적으로 받아들이지 말자. 당신을 복종하게 만들려는 전략일 뿐이어서, 당신이 반응하지 않으면 분노는 재빨리 사라질 것이다.

● — 당신의 가족과 친구들이 자신들의 박자에 맞춰 즐겁게 행진하는 기쁨을 누리면 절대 막지 마라. 그러면 당신은 분노와 원한을 평화와 사랑으로 바꿔 주는 사람이 될 것이다. 그리고 우리 모두 자신이 듣고 있는 자신만의 음악을 즐기게 될 것이다.

07

라빈드라나트 타고르
이기적 자아 길들이기_이기심

약속 때문에 나 홀로 길을 나섰으나
이 어둠 속에서 나를 따라오는 이 누구입니까?
그를 피하여 옆으로 비켜서건만 결코 피할 수 없습니다.
그는 뽐내며 걷기에 흙먼지를 일으키고,
입만 열면 큰소리로 대꾸합니다.
나의 주인이시여, 그는 바로 나 자신의 작은 자아이자
부끄러움을 모르는 자입니다.
나는 그와 함께 님의 문 밖까지 온 것이 부끄럽습니다.

우리의 내면에는 두 사람이 살고 있다. 그 중 한 사람은 이기적

· · 라빈드라나트 타고르(1861~1941) 신비주의자이자 화가이며 현대 인도의
지도자 중 한 사람으로 노벨문학상을 받았다. 고전이 된 그의 작품들은 서정적
아름다움과 영적인 날카로움으로 유명하다.

자아라고 한다. 이기적 자아는 자신이 옳은 존재이기를 원한다. 이기적 자아는 자신이 누구와도 연결되어 있지 않으며 다른 모든 사람과 경쟁을 하고 있다고 믿는다. 자신의 존재는 누구보다 더 나은 상태에 있느냐에 달려 있다고 생각한다. 그 결과 그는 더 많은 것뿐 아니라 더 비싼 것을 가지려고 싸운다. 누군가를 패배시킬 수 있을 때, 그래서 인간으로서의 가치가 올라갈 때 그는 가장 기분이 좋다. 그의 기분은 그가 그렇게 필사적으로 정복하고 싶어하는 다른 모든 사람과 경쟁하는 방법에 달려 있다. 그가 최고라면 그의 꿈은 이뤄진 것이다. 상위 10퍼센트 안에 든다는 것은 꽤 괜찮은 것이며, 상위 50퍼센트에 속하는 것은 필수다.

이기적 자아는 이기는 것을 좋아할 뿐만 아니라 그것을 절대적으로 원하기에 언제나 싸우는 상태에 있다. 자기가 성취한 것에 탐닉해 상장과 상금과 명예훈장을 자주 세어 본다. 이기적 자아는 최고로 좋은 차, 최고로 환상적인 옷, 최고로 좋은 음식, 상상을 뛰어넘는 마약, 가장 괴팍한 섹스, 그리고 모든 형태의 쾌락을 가질 수 있다. 그 모든 것들이 다 닳아 없어져 과거가 되어 버리면, 아주 새로운 요구 목록이 등장한다. 패배시켜야 할 누군가가 있는 한, 혹은 사서 소유하면 승자가 될 수 있는 물건이 남아 있는 한은 만족할 수가 없다.

우리의 내면에 살고 있는 또 다른 사람을 나는 영혼이라고 부른다. 그는 이기적 자아의 환상을 사로잡은 그런 물건에는 전혀 흥미가 없다. 물건을 얻는 데 별로 신경을 쓰지 않으며, 다른 사람보다 더 뛰어나야 한다는 것에도 전혀 흥미가 없다. 다른 사람을 패배시켜야 한다고 생각지 않는다. 그는 자신을 다른 사람과 절대 비교하지 않는다. 그는 한 가지 일만 바라는 것 같고, 그런 욕구에 이를 때까지는 오로지 한 마음뿐이다. 영혼은 어디서나 함께 있는 쌍둥이인 이기적 자아가 원하는 모든 것을 눈감아 준다. 영혼은 단지 평화롭기만을 바란다.

경쟁을 할 때가 되면 그는 경쟁할 것이다. 그러나 그는 결코 같이 경쟁하는 사람들에게 뽐낼 필요를 느끼지 않는다. 소유에 대해 말하자면, 영혼은 정말로 소유를 즐긴다. 그러나 결코 소유되지는 않는다. 오히려 소유하고 있는 것들을 주고 싶어하는 것처럼 보인다. 이기적 자아의 모습이 더 많은 것, 더 좋은 것을 계산하는 반면, 영혼의 모습은 언제나 똑같다. 즉, 평화다. 그는 이 평화를 다른 사람을 향해 발산하고, 혼돈의 한가운데에서도 언제나 이런 종류의 고요함을 키워간다.

그런데 우리 내면의 영원한 두 친구인 이기적 자아와 영혼이 이곳에 함께 있다. 문제는 어떻게 하나를 죽이고 다른 쪽을 편드느냐가 아니라 우리를 영원한 혼란 상태에 묶어 두고 결코 평화를 허용하지 않으려는 쪽을 어떻게 제압하느냐이다. 어떻게 하면 싸움을 멈추고 목적지를 향해 갈 수 있을까? 나는 아침부터 저녁까지 여러 번 이 질문을 스스로에게 던진다. 일을 여기까지 끌고 온 나는 누구인가? 사실 나는 그 주제로 책을 쓴 적이 있다. 아마 내 삶에서 이기적 자아에게 주었던 힘을 스스로 이해하도록 하기 위해서였을 것이다. 나는 그 책을 『신성한 자아(Your Sacred Self)』라고 불렀다.

우리는 다른 사람과 분리되어 있다고 느끼며, 좋은 기분을 느끼기 위해 정복하고, 이기고, 빼앗으려는 우리의 일부를 어떻게 길들일 수 있을까? 나는 타고르나 루미 같은 유명한 시인들에게서 생각을 빌려온다. 그들은 이 책뿐만 아니라 나의 일상생활에도 필수적인 필자들이며, 하루를 시작하기 전 아침마다 내가 하는 다음의 기도를 만든 사람들이다.

사랑하는 하느님! 나의 이기적 자아는 욕심이 많고, 억지스럽고, 자기가 옳다는 생각에 사로잡혀 있고, 늘 더 많은 것을 찾아다닙니다. 절대로 만족하지 않는 것 같습니다. 나의 신성한 자아는 평화롭고, 다투지 않고, 비난하지 않는 편이며, 절대로 요구하지 않습니다. 영혼 쪽에서 이기적 자아 쪽으로 메시지를 보내 주시기 바랍니다.

신과의 대화에서 타고르는 이와 같은 일을 많이 하고 있다. 그는 "어둠 속에 있는 나는 누구인가."라고 의아해 한다. 그는 어둠에서 벗어날 수 없는 것처럼 보인다. 그는 부끄러움이 없다. 그러나 그는 가장 높은 경지로 들어가는 입구가 부끄러움을 모르는 '소아(little self)'에 의해 막혀 있다는 것을 알았다. 이 시인은 뛰어난 시선집으로 1913년 노벨문학상을 받았다. 그러나 그는 그런 영광에 도취되지 않았다. 그는 그런 상과 자신을 동일시하려는 마음을 제거하는 법에 대한 글을 쓰면서 평생을 보냈다.

타고르의 섬세하고 특별한 시들을 읽음으로써, 우리는 이기적 자아를 제압하고 평화를 가져다 주는 영혼의 소리를 듣게 된다. 타고르는 평생 동안 조용한 위엄과 평화로운 태도를 의인화했다. 그것은 아름답고도 간결한 그의 시에 반영되어 있다.

이제 타고르의 시에 담긴 지혜를 당신의 삶에 적용하라.

✤ '나'와 대화하기 ✤

● ─ 다른 사람에게 반응하기 전에 자신의 마음에 귀를 기울이자. 오늘 자신의 이기적 자아를 길들일 수 있는지 살펴보자. 말하기 전에 자신에게 물어보자. "상대가 잘못되었고 내가 특별하다는 말을 하려는 것은 아닌가? 나는 혼란을 자초할 것인가, 아니면 평온을 불러올 것인가?" 그런 다음 상대방을 친절하고 사랑스럽게 대하기로 하자. 이기적 자아가 어떻게 반응하는지 살펴보고, 하루에 한두 번씩 이기적 자아의 역할을 줄여 나가면서 그것이 습관 또는 새로운 존재 방식이 되게 하자.

● ─ 대화할 때 '나' 라는 단어를 얼마나 자주 쓰는지 살펴보자. 하루에 얼마나 많이 '당신' 이라는 단어로 문장을 시작하는지 살펴보자. 다른 사람이 잘한 일에 박수를 쳐 주되, 자신의 자랑은 할 필요가 없다.

● ─ 자신의 성과에 집착하지 않으려는 노력, 그냥 흘려 보내려는 시도를 해 보자. 자기 것을 양보하면 다른 사람에게 자신을 더 많이 줄

수 있다. 그것은 소유에 대한 집착을 통제할 수 있도록 길들이는 효과적인 방법이다. 또한 자신의 이기적 자아를 교육시키고 영혼이 소망하는 평화를 허락할 수 있다.

● — 앞에서 인용한 것처럼 내가 매일 기도하는 식으로 이기적 자아와 대화하자. 더 높은 자아의 입장에서 말하자. 셜리 로스 코버가 『신성한 자아』를 읽고 나에게 보낸 편지를 읽어 보자.

나는 지난 30년 동안 일기를 써 왔습니다. 오늘 아침 나는 이기적 자아에게 특별히 이런 편지를 썼습니다.
"나의 이기적 자아야, 너는 이제 우리가 새로운 지도자를 갖게 되었다는 사실을 알아야 해. 말 없는 파트너로 함께 살게 된 것을 환영한다. 나(성스러운 자아)는 내 인생과 내 일을 책임져야 해. 나는 우주에서 가장 뛰어난 컨설턴트인 신을 모셔왔지. 신과 나는 내 인생과 내 일을 재건축하기로 타협을 보았어. 내 결정에 대해 더 이상 이러쿵저러쿵하지 마. 너에게는 나쁜 감정이 없어. 그러나 이제 네가 내 결정에 영향을 끼치도록 하고 싶지도 않고, 그렇게 해서도 안 돼."

08

파라마한사 요가난다

나는 고통 받지 않는다_고통의 초월

인간은 자신을 사이비 영혼이나 이기적 자아로 잘못 알고
있다. 인식의 감각을 참된 존재, 즉 영원히 살아 있는 영혼
에게 넘겨 버리면 모든 고통이 진짜가 아니라는 것을 알
게 된다. 그는 더 이상 고통의 상태를 상상할 수조차 없게
된다.

성스러운 영감에 대한 파라마한사 요가난다의 메시지는 당신
에게 불가능해 보일지 모른다. 내가 깊이 존경하는 사람의 이 말을
책에 소개한 이유는 당신이 고통을 새로운 방식으로 바라보아 자신

• • **파라마한사 요가난다(1893~1952)** 인도의 신앙심 깊고 부유한 가문에서 태
어나 캘커타 대학을 졸업하고, 1920년 로스앤젤레스에서 자아실현 단체를 설립
했다. 더 자비롭고 평화로운 세계로 인도하는 자기 조화를 위한 정신적 탐험의
과학을 제공하기 위해서였다. 자서전을 통해 인도의 오래된 요가 철학과 유서
깊은 명상의 전통을 소개했다.

의 인생을 전혀 다른 관점에서 조명하도록 하기 위해서이다. 또한 요가난다가 잘못된 것이라고 언급한, 우리 안에 각인된 인식들을 제거하도록 하기 위해서이다.

참된 존재의 핵심을 요가난다는 '불멸의 영혼'이라고 부르는데, 거기서 고통은 현실이 아니다. 하지만 우리는 명백히 현실적인 문제들과, 현실이라 알고 있는 고통의 요소들을 안고 있다. 우리의 정체성에 대한 감각을 옮겨서 더 이상 고통을 상상할 수 없는 공간으로 들어가라는 이 조언은 아마 불가능한 소리로 들릴 것이다.

이에 대한 내 대답은 관찰자가 되라는 것인데, 그러는 동안 영속적이지 않은 것에 대한 집착을 버려야 한다. 나의 위대한 스승 니사르가닷타 마하라지는 이런 식으로 말한다. "너는 고통 당하지 않는다. 자신이 고통 당한다고 생각하는 사람이 있을 뿐이다. 인간은 고통 당할 수가 없다." 그는 다시 한 번 에고(또는 육체)와는 매우 다른 참된 존재를 언급하고 있다. 당신의 인생을 바라보는 관찰자가 되어 고통이 존재한다고 확신하는 마음을 극복하는 것은 두려운 도전이다.

육체적 통증이라는 가장 흔한 고통을 생각해 보자. 당신이 심각한 두통과 같은 통증을 느끼고 있을 때 통증은 현실이 아니라거나, 통증은 단지 상상일 뿐이라고 어떤 요가 수행자가 당신에게 말한다면 듣고 싶지 않을 것이다. 그러나 잠시만 참으며 그 고통에 대한 집착을 버릴 수 있는지 알아보자. 정체성에 대한 감각을 요가난다가 참된 존재라고 부르는 것으로 옮겨 버리면 머리의 통증을 관찰할 수 있는데 그럼 어떻게 될까?

통증의 위치를 정확히 파악한 뒤 신경을 집중하고, 통증의 크기, 색깔, 형태, 그 외 생각할 수 있는 통증의 모든 특징을 있는 대로 그려 보자. 웬만큼 집중하면 실제로 통증을 머릿속의 한 지점에서 다른 지점으로 옮길 수 있다. 이렇게 옮기는 것에 일단 성공하면, 통증을 머리에서 즉시 바깥으로 밀어낼 수 있다는 것도 새롭게 알게 된다. 고통의 관찰자가 되어 아픈 경험에서 자신을 완벽하게 분리해 버리면 고통이 사라진다는 뜻이다. 이런 행위를 마인드 컨트롤이라고 부르는 사람도 있으나, 나는 자기 자신과 고통이라는 것을 분리해 내는 강력한 수단이라고 보고 있다.

우리가 명백한 육체적 통증을 느끼는 것은 대부분 고통과 자존감을 동일시하기 때문이다. 에고와 고통에 대한 이런 화제에 어떻게 접근할지 궁리하던 중에 가까운 친구 디팩 초프라와 나눈 대화가 떠올랐다. 그가 했던 이야기를 이 글에 포함시키느냐 마느냐를 고민하고 있을 때, 전화벨이 울렸다. 두말할 것도 없이 디팩의 전화였다. 나는 이렇게 말했다. "바로 10초 전에 네 이름을 종이에 쓰고 있었어. 너한테 전화를 걸어 에고와 고통에 대해 네가 전에 했던 말을 확인해 보려고 말이야."

그는 담담하게 그 이야기를 다시 한 번 들려 주었다. 불교계의 한 스승이 받은 질문에 대한 것이었는데, 고통스러운 상황에 처했을 때 늘 기억하는 말이 있느냐는 질문이었다. 그 스승은 대답하기를, "이것을 잊지 마라. 그러면 다시는 고통 받지 않으리라. 나 또는 내 것이라고 집착할 만한 것은 아무것도 없느니라." 이 말을 자주 되뇌어 보면, 특히 슬픈 일이 있어서 마음이 아플 때 이 말을 되풀이하면 에고와 자신을 동일시하는 잘못을 피할 수 있다. 에고는 자만심 그 자체이다.

디팩과 나는 몇 분 동안 더 이야기했다. 그는 이렇게 말했다. "고통을 없앨 수 있는 능력에 대해 쓰고 있다면, 독자들에게 이 말을 해 줘. 인디언 오지브와이족이 한 말이지. 사소한 일에 화가 나서 자존심에 집착하게 될 때마다 내가 스스로에게 하는 말이야. 이 말을 그냥 몇 번 혼자 중얼거려. 거의 마술이야. 정신적인 고통이 사라져 버리니까." 여기 디팩 초프라에게서 들은 오지브와이족의 말을 소개한다. "때때로 나는 나 자신을 불쌍히 여기려고 애쓴다. 그러는 동안 내 영혼은 하늘을 가로지르는 거센 바람을 맞는다."

이것은 당신이 고통 받고 있고 자만심에 빠져들고 있다고 느낄 때 활용할 수 있는 훌륭한 이미지다. 당신은 관찰자로서 자신의 고통을 바라볼 수 있다. 그리고 유리한 입장에서 그 고통을 사랑하고 고통에게 자신을 완전히 내어 주겠다는 선택을 할 수 있다. 당신은 이 선물을 이용해서 사이비 영혼에 대한 정체성의 위기를 해소하고, 내면의 관심과 에너지를 집중하여 완전히 초연한 관점에서 모든 슬픔을 바라볼 수 있다.

이것이 모든 고통을 끝내기 위한 극단적으로 자유로운 접근법이다. 당신이 요가난다가 말한 대로 살고 있다면, 이렇게 말할 것이다. "나는 고통스러운 상태를 상상조차 할 수 없다." 어쨌든 나는 고통 속에서 즐기는 법을 배워야 한다는 요가난다의 말을 이해할 수 있다. 왜냐하면 모든 일은 한 사람이 더 나은 길로 나아가게 하는 신의 섭리이기 때문이다. 고통이란 비록 눈에 보이진 않지만, 신을 기억하게 하고, 세찬 바람을 맞고 있는 영혼을 기억하게 하는 심부름꾼이다. 그러면 통증은 더 이상 통증이 아니고, 고통은 더 이상 고통이 아니다. 그리고 슬픔이나 고통을 육신(또는 마음)과 더 이상 동일시하지 않으면, 슬픔이나 고통에 쉽게 상처 받지 않게 될 것이다.

이것은 대단한 트릭이 아니다. 당신의 모든 집착, 당신의 모든 '나'와 '내 것', 당신의 모든 자존심을 바라보기 위해, 또한 당신 자신을 영원한 것과 동일시하기 위해 당장 필요한 방법이다. 요가난다가 약속했듯이, 모든 고통이 현실이 아니라는 생각은 정말로 효과가 있고, 당신은 분명 그것을 알게 될 것이다.

✣ 고통을 즐기는 법 ✣

● ─ 슬픔과 고통의 원인은 느낌 때문이라는 평가를 정직하게 해 보자. 그런 다음 이 말을 반복하자. "어떤 고통이든지 그 원인은 나에게 있을 뿐이다. 그리고 나는 그것 때문에 결코 누구를 탓하거나 어떤 것을 탓하지 않을 것이다."

● ─ 실제로 고통스러운 상황에서 당신이 할 수 있는 모든 일을 찾아보자. 그것이 단순히 슬픈 마음 상태라면 그 슬픔이 어디에 머물고 있는지, 그것이 어디서 모습을 보이는지, 그 모습은 어떻게 생겼는지, 당신이 구별할 수 있는 특징들은 무엇인지 눈여겨 보자.

● ─ 자기 연민에 빠져 있다면 혼자 오지브와이족이 하는 말을 되풀이해 보자. 그런 느낌에 대해 전혀 모르는 영원한 영혼과 비교해 보면, 자신이 고통 받고 있다는 느낌이 얼마나 하찮은지 곧 알게 될 것이다.

● ─ 당신에게 물어보자. "이 경험에서 내가 얻을 교훈은 무엇인가?" 일단 슬픔에서 배워야 할 것이 있다는 걸 알게 되면, 슬픔을 순식간에 즐거운 노래로 바꿔 놓을 수 있다.

09

에드워드 다이어 경
기쁨의 왕국_평안

내 마음은 나의 왕국

내 마음은 나의 왕국
그 안에 항상 큰 기쁨이 있어
세상이 원래 베풀고 키우는
그 어떤 행복도 그 기쁨을 따르지 못한다.
세상 사람들이 가진 것 나에게는 없지만
아직도 내 마음은 바라지 말라고 말린다.

왕자와 같은 화려함도, 부유한 창고도,
승리를 얻어낼 군대도,
상처를 가라앉혀 줄 영리한 재치도,
사랑하는 이의 눈을 만족시켜 줄 외모도 없지만
이 어떤 것에도 나는 노예처럼 굴복하지 않는다.
내 마음이 이 모든 것을 충족시켜 주고 있기 때문에.

나는 안다, 부자가 얼마나 많이 고통받는지
등산가가 서두르다 얼마나 빨리 추락하는지.
저 높은 자리에 있는 자들이
누구보다도 더 불행에 위협 당하는지.
그들은 그것을 수고스럽게 얻은 다음,
두려워하며 간직한다.
그런 근심 걱정을 내 마음은 견뎌내지 못한다.

나는 내 삶에 만족하고 있으며,
내가 의지하는 건 이것이다.
나는 만족할 만한 것 이상은 구하지 않으며
오만한 지배를 애써 원치 않는다.
보라, 나에게 없는 것을 내 마음이 가져다주는 것을.
아! 그래서 나는 왕처럼 성취감을 느끼며
내 마음이 주는 것에 만족한다.

어떤 사람은 너무 많이 가졌으나 아직도 바란다.
나는 가진 것이 거의 없다.
더 이상 바라지도 않는다.
그들은 가진 것이 많지만 가난하다.
나는 모아 놓은 것이라고는 거의 없지만 부유하다.
그들은 가난하고, 나는 부유하다.

그들은 구걸하고 나는 나눠 준다.
그들은 부족하고 나는 남아돈다.
그들은 수척해지고 나는 활기가 넘친다.

나는 다른 사람이 모자란다고 비웃지 않는다.
다른 사람이 얻는 걸 아까워하지 않는다.
내가 흔들어 세상의 풍파를 일으키지 않는다.
하나 된 내 상태는 아직도 유지되고 있다.
나는 적이 두렵지 않다. 나는 친구에게 아부하지 않는다.
나는 내 삶을 싫어하지 않는다.
내 최후를 두려워하지도 않는다.

어떤 사람들은 욕망 때문에 기쁨을 억누른다.
분노 때문에 지혜를 억누른다.
믿는 것은 그들이 가진 금은보화.
그들이 간직한 기술은 감추어진 교묘함.
그러나 내가 찾은 모든 기쁨은
조용한 마음을 유지하는 것.

나의 재산은 건강과 완벽한 편안함이다.
나의 의식은 내 선택의 이유를 명확하게 설명해 준다.
나는 만족할 만한 뇌물을 구하지도 않는다.

공격을 하기 위한 속임수를 구하지도 않는다.
나는 이와 같이 살고 있다. 이와 같이 나는 죽을 것이다.
모든 사람들이 나와 같다면 좋으련만!

에드워드 다이어 경은 16세기 영국의 궁정에서 일했던 시인으로, 그 시대에는 매우 인기가 있었다. 하지만 그의 시는 남아 있는 게 극히 적다. 이 시는 그 중 가장 널리 알려진 것으로, 500년 전에 지어진 보물이다. 마음의 잠재력에 대한 이 시는 내가 오랫동안 특별히 좋아했던 것이다. 시의 리듬이 부드럽고 읽기가 쉬워 나에게 직접 말하는 것 같다.

내가 이 시에 특별한 애정을 보이는 것은 시인과 내 이름이 같기 때문만은 아니다. 나는 세계 곳곳에서 보내온 이 시의 카피를 수백 장이나 받았다. 그들은 내가 에드워드 다이어와 관계가 있는지 물었다. 내 책들의 주제가 '내 마음은 나의 왕국'이라는 타이틀과 완벽하게 일치하는 것처럼 보이지만, 에드워드 다이어 경과 내가 생물학적으로 관계가 있다고는 믿지 않는다. 그런데도 나는 이 시를 읽을 때마다 경이로운 심정으로 내 마음인 이 왕국에 대해 깊이 생

• • 에드워드 다이어 경(1543~1607) 영국 엘리자베스 여왕 시대의 시인. '내 마음은 나의 왕국'으로 시작되는 서정시로 잘 알려져 있다.

각해 보곤 한다.

　이 시는 육체를 포함한 모든 것을 초월하여, 잔잔한 마음의 왕국에 머무는 편안함을 묘사하고 있다. 마음이 얼마나 경건한 우리의 일부분인지에 대해 진실로 깊이 생각해 본 적이 있는가? 그것은 볼 수도 없고 만질 수도 없다. 물질도 아니고, 경계도 없고, 시공간에 점유하고 있는 자리도 없다. 하지만 그것은 언제나 우리와 함께 있다. 우리 삶에 관한 모든 것을 실제로 이끌어 가며 방향을 제시한다. 이것은 당신의 왕국이다. 오직 당신만이 어떤 상황에서도 자신을 위한 기쁨의 왕국을 만들어 내기 위해 마음을 사용할 수 있다. 마음은 다른 사람이 침범할 수 없는, 자유를 누릴 수 있는 비밀의 장소이다. 주변이 모두 혼란에 빠져 있을 때 온전하게 피난을 할 수 있는 곳이다. 이것이 보이지 않는 놀라운 마음이다. 나는 경외로운 마음으로 그 힘과 그 거대한 영토의 크기를 알려 주고 싶다.

　자신에게 해를 끼칠지도 모르는 것을 원하고 있다면, 시인의 말들을 떠올려 보자. "그러나 아직도 나의 마음은 바라지 말라고 말린다." 그는 선택의 능력에 대해 말하고 있다. 당신은 스스로 선택할 수 있는 힘을 가지고 있다는 것을 알아야 한다. 오로지 당신 자신만이 당신의 열망이나 어떤 해로운 중독 상태에 대해 비난할 수 있다. 자기 안의 왕국으로 들어가라. 거기서는 당신의 마음이 선택할 수 있다. 그 선택은 갈망하는 마음보다 더 강하다. 어떤 대가를 치르더라도 승자가 되어야 한다는 마음 때문에 방향을 잃을 때가 있다. 그때는 사회의 압력을 탓할 수도 있다. 또는 마음의 왕국으로 들어가

독선적인 이기심보다는 모두를 위한 최고의 선을 좇을 것인지 스스로에게 물어볼 수도 있다.

필요한 것보다 더 많이 얻으려 하고, 무슨 대가를 치르더라도 성공을 좇으려 하고, 다른 사람에게 인정받기 위해 끊임없이 애쓰고자 하는 욕구는 우리에게 강요된 것이 아니다. 그것은 우리 안에 있는 보이지 않는 신비, 즉 마음을 부리기 위해 어떤 선택을 하느냐의 문제다. 너무 많이 가졌지만 더 갖기를 원하는 사람들이 우리 주변에 많다고 에드워드 다이어 경은 말한다. "그들은 많이 가졌지만 가난하다. 나는 모아 놓은 것이라고는 거의 없지만 부유하다." 그는 사람들이 고통 속에 살면서 결코 만족하지 않고, 그러면서도 늘 사라지고 마는 '더 많은 것'을 좇는다는 것을 알고 있다. "그들은 부족하고 나는 남아돈다. 그들은 수척해지고 나는 활기가 넘친다."

시인이 점잖게 제안하는 것처럼 두 가지 선택이 있다. 탐욕으로 소모적이고, 악착같이 일하면서 재난의 희생물이 되어 두려워하며 사느냐, 아니면 "그런 식으로 걱정하는 것을 내 마음은 견뎌내지 못한다."고 결정하느냐이다. 선택하는 것은 자신의 마음이라는 것을 알아야 한다. 궁극적인 행복과 만족은 시인이 다음에서 암시하는 것처럼 당신에게도 적용된다. "나는 내 삶에 만족하고 있으며, 그렇게 살아갈 것이다. 나는 만족할 만한 것 이상은 구하지 않는다."

당신의 마음은 기꺼이 삶에 평화와 안정을 줄 것이다. 마음을 바꾸고자 결정하면 살 수 있다. 자기 안의 왕국에 스스로를 맡기면 늘 부족하지 않은 인생을 살 수 있고 남에게 베푸는 삶을 살아갈 수 있다. 마음속에서 당신은 언제나 자유롭고 평화로운 상태에 머물 수 있다.

당신이 경험하는 모든 공포는 외부에서 오는 것이 아니라 마음을 부리는 방법에서 나온다. 당신 안의 왕국에서 평생 동안 살아오면서 만들어진 환경의 찌꺼기를 깨끗하게 청소해 버리면, 죽음의 공포까지도 제거할 수 있다. 이것은 은총이 가득한 상태로, 에드워드 다이어 경이 "나는 내 삶을 싫어하지 않는다. 내 최후를 두려워하지도 않는다."고 묘사했던 상태이다.

당신의 왕국이란 어떤 환경과 마주쳤을 때 마음을 어떻게 부릴 것인가 하는 방법의 영역이다. 당신은 왕이며, 최고 지배자다. 왕의 승낙 없이는 아무도 당신을 당황하게 할 수 없다. 당신의 결정 없이는 아무도 당신의 기분을 상하게 할 수 없다.

이 시는 당신이 바라는 것에 얽매이지 말고 충분히 즐기라고 말한다. 끊임없이 정복하려는 욕망을 멈추고 자신을 확인하라고 말한다. 세상에서 성공할까 못할까 안절부절 하지 말고, 평화와 온화함이 자리 잡고 있는 내부를 향해 돌아서라고 말한다. 이 유명한 시에서 시인이 내린 결론은 "나의 재산은 건강과 완벽한 편안함이다."라는 것이다. 당신은 이 결론에서 단지 약간 떨어져 있을 뿐이다. 한 걸음만 더 내딛는다면 거기에 도달할 수 있다.

마음의 왕국에서 생각해 볼 일이 마지막으로 하나 남아 있다. 마음은 평화뿐 아니라 신체의 건강과도 관계가 있다. 병의 치유에 대한 생각을 바꾸면 병에 대한 몸의 반응도 바뀐다. 마음의 왕국에서는 이기고, 얻어내고, 정복하고, 악착같이 일하고, 갈망할 필요가 없다. 그저 조용한 마음으로 건강한 분자를 만들어 내면 된다. 그에 따라 혈압을 낮추고, 궤양을 일으킬 가능성을 차단하고, 면역 체계를 강화하고, 몸에 침입하는 온갖 종류의 질병에 민감해지지 않도록 몸이 제 기능을 하게 된다. 그렇게 할 수 있는 것은 모두 마음의 왕국에 있다.

보이지 않는 당신의 왕국을 시적으로 묘사한 이 지혜의 말씀을 받아들이자. 다음에 소개하는 제안을 따라하면서 이 감미로운 시의 아름다운 부분을 당신의 삶에 받아들이자.

✤ 내 마음의 평화 ✤

● ─ 자기 파괴적인 행동을 하지 않도록 마인드 컨트롤을 하자. 안정
되고 평화로운 상태를 만들기 위해 마음을 쓰는 대신 왜 혼란스러워
지는 방법을 선택했는지 그 이유를 자신에게 물어보자. 침울하거나
화난 반응을 보이는 자신을 다잡아 새로운 사고방식을 시도해 보자.

● ─ 당신의 마음이 당신을 위해 만들어낼 수 있는 것에 대해 경외하
는 시간을 가지자. 마음의 왕국을 곰곰이 생각해 보고 어떤 식으로든
마음을 오염시킬지도 모르는 생각들이 그 성스러운 내부 공간에 떠오
르지 않게 하자.

● ─ 외부에 있는 사물이나 사람이 당신의 허락 없이 당신을 불행하
게 만들 수는 없다는 사실을 반복해서 마음속에 떠올리자. 마음속에
서 당신이 내린 선택의 총합이 바로 당신이다. 이 사실을 잊지 말자.
왜 자신의 마음을 왕국이 아닌 돼지우리로 사용하려 하는가? 당신도
에드워드 다이어 경처럼 '나의 마음은 나의 왕국' 이라는 사실을 깨달
을 수 있는 기회를 똑같이 가지고 있다.

● ─ 그의 결론을 잊지 말자. "나는 이와 같이 살고 있다. 그리고 이
와 같이 나는 죽을 것이다. 모든 사람들이 나와 같다면 좋으련만." 그
리고 기억하자. 당신은 당신 마음속에 있는 왕국의 왕임을.

70

10 알렉산더 포프
그 남자는 행복하나니__자족

홀로 사는 삶

그 남자는 행복하나니, 소원과 걱정이
아버지의 너른 땅에 있을 뿐이고
집 마당에서 고향 공기 마시는 것에 만족한다.

소떼들은 우유를, 들판은 빵을,
양떼들은 옷을 공급해 준다.
나무는 여름에 그늘을 주고, 겨울에는 불을 준다.

복받았구나, 그는
시간시간이, 하루하루가,
그리고 한 해 한 해가 조용히 흘러가는 것을
건강한 몸으로, 평화로운 마음으로
근심 없이 볼 수 있으니.
그래서 낮은 조용하다.

밤에는 깊이 잠든다.
공부와 휴식을 번갈아 하며
달콤한 휴양 그리고 순수함,
순수한 자가 가장 좋아하는 것은 명상이다.

그러므로 내가 눈에 띄지 않고,
알려지지 않은 채 살게 놔두라,
그러므로 내가 슬퍼하지 않고 죽게 해 달라.
이 세상에서 몰래 빠져나와,
내가 누워 있는 곳을 말해 줄 비석 하나 없이.

알렉산더 포프의 이 시는 매우 유명하다. 이 시는 행복에 대한
필요조건으로서 평화와 평정을 찾는 일이 얼마나 중요한가에 대해
읊은 가장 뛰어난 시이다. 그런데 사실, 이것은 이 시만의 주제가 아
니다. 18세기 초 런던 교외 윈저 숲에 살았던 이 시인이 쓴 수많은 작
품의 주제이기도 하다. 그는 척추만곡증에 결핵 감염으로 다 자란

• •**알렉산더 포프(1688~1744)** 영국의 시인이자 풍자가. 당대의 문학을 지배한
제왕이었으며, 그의 이력 자체가 영국 신고전주의의 축소판으로 여겨진다.

뒤에도 키가 140센티미터도 안 되었으며, 평생 심각한 두통으로 고통을 받았다. 그는 신체의 장애와 질병 때문에 육체적, 정신적 고통에 특히 민감했다. 그래서 인간의 본질적인 고독, 군중의 소란과 혼란에서 떨어져 살 수 있는 자급자족의 능력을 주제로 시를 썼다.

우리가 살고 있는 이 자연계는 300년 전 포프가 태어났던 세계와 엄청나게 다르다. 그래서 그의 시적 충고가 오늘날 우리에게 더욱 의미심장하게 다가온다. 요즘 세상에 자기 집 마당에서 고향의 공기를 마시는 것에 만족하라는 말은 우리가 살고 있는 도시의 매연 때문에 눈 따가워하고, 유해한 연기를 들이마시고, 오염 물질 속에서 숨쉬라는 말이다. 자기가 기르는 소떼에게서 젖을 짜고, 자기가 기르는 양떼에게서 가죽과 고기를 얻고, 자기 소유지의 나무그늘 밑에서 쉬거나, 그렇지 않을 때는 그 나무로 자기 몸을 따뜻하게 만드는 데서 스스로 만족을 느낄 수 있는 사람은 거의 없다. 있다 해도 극히 드물다. 더구나 "복 받았구나, 그는. 시간시간이, 하루하루가, 그리고 한 해 한 해가 조용히 흘러가는 것을, 건강한 몸으로, 평화로운 마음으로 근심 없이 볼 수 있으니. 그래서 낮은 조용하다."라고 할 만한 사람은 세상에 없다.

대신 우리는 육체가 점점 더 쇠약해져 가는 것을 몸으로 느끼며 살고 있다. 그것은 환경에 의한 질병들, 점점 더 수위가 높아지는 스트레스, 갖가지 형태의 정원용 강력 모터, 휴대용 낙엽 청소기, 불도저, 소형 착암기, 트럭, 사이렌 등이 만드는 소음 때문이다. 포프의 300년 된 시적 충고는 오늘날에도 확실히 타당하다.

이 시의 첫 3행은 맑은 공기를 호흡하고, 자연 속에서 스스로를 충족시킬 수 있는 자급자족의 방법을 찾아내고, 낮 동안 고독과 적요를 얼마간 즐길 필요가 있다고 말한다. 나는 당신이 사는 곳이 어디든 상관없이 생활 속에 이런 요소들을 들여오기 위해 최대한 노력하라고 권한다. 도시를 벗어날 시간을 가져라. 행복이 기다리고 있는 조용한 자연 속에 머물러라.

포프는 네 번째 연에서 순진무구한 마음으로 명상하고 휴양하면서 깊은 잠을 즐기는 방법을 시적으로 묘사하고 있다. 나는 이 책 곳곳에서 매일 명상을 해야 하는 중요성에 대해 썼기에 여기서는 반복하지 않겠다. 그러나 행복한 생활을 위한 다른 몇 가지 요소, 즉 공부, 휴식, 여가, 그리고 순수함은 어느 시대에나 영원한 좋은 충고들이다. 흥미 있는 주제를 연구할 자유, 스트레스에서 벗어나 느긋하게 보내거나 테니스를 치거나 수영을 하거나 종일 달리기를 할 시간을 갖게 되었을 때, 특히 명상이 거기 녹아들어 갔을 때의 "더없이 즐거운", 어린아이 같은 순진무구함을 나는 알고 있다.

4연으로 된 시 「홀로 사는 삶(Solitude)」은 「머리카락을 훔친 자(The Rape of the Lock)」 이전에 알렉산더 포프가 쓴 가장 유명한 초기 시인데, 행복에 필요한 여러 가지 요소를 말하고 있다. 이것은 가능한 한 자연 그대로의, 스트레스 없는 환경과 깊은 접촉이 필요하다고 표현한다. 당신의 일상생활이 매우 도시적이고, 사람으로 가득 차 있고, 소란스러울지라도 나는 그의 시적 충고에 귀 기울이기를 권한다. 나는 개인적으로 이 시의 마지막 연에 나도 모르게 거듭 빠

져들곤 한다. "그러므로 눈에 띄지 않고, 알려지지 않은 채 살게 놔
두라."

　　나는 성스러운 존재들, 신의 현신 같은 사람들을 만나는 귀한
체험을 한 적이 있다. 이 위대한 사람들에 대한 인상 중 가장 강렬한
것이 있다. 그들은 자신의 이기적인 자아를 이겨냈으며, 조용한 현
자로 살고 있다. 그들은 자신이 지닌 신성의 후광을 이용한다거나
그것의 덕을 보는 것을 달가워하지 않는다. 그들은 문자 그대로, 육
체적 존재로 사라지기를 택했다. 자신들의 위대한 자질을 믿게 해
줄 만한 것을 결코 구하지 않는다. 사실 그들은 자신을 모두 신에게
바친다. 아시시의 성인 프란체스코는 신앙요법을 베푼 13세기의 위
대한 치료자였다. 그는 왜 자신의 몸은 치료하지 않는가 하는 질문
을 받았다. 그는 치료하는 사람이 자신이 아니라는 것을 모두가 알
아 주기를 원한다고 대답했다.

　　나는 위대함과 행복의 척도는, 자신이 이룬 것을 증명할 필요
가 없는 경지에 이를 때까지 이기적인 자아를 제압할 능력의 정도에
달려 있다고 본다. 그것은 감사나 찬사가 필요 없는 상태에 머물 수
있는 능력이다. 다른 사람의 의견이 좋다고 해서 거기에 영향을 받
지 않을 수 있는 능력이다. 그렇게 하는 것이 나의 목적이기 때문에
내 일을 그냥 묵묵히 해내는 능력이다. 흠잡을 데 없거나 당당하다
는 것, 남모르게 베풀되 칭찬받고 싶은 유혹을 이겨내는 것, 이것이
진정으로 의미하는 정신은, 고전 영화 〈부끄럽지 않은 망상
(Magnificent Obsession)〉에 아름답게 표현되어 있다. 일단 영예를

구하지 않게 되면 새로운 자유를 경험하게 된다. 시인이 말한 것처럼 "그러므로 내가 슬퍼하지 않고 죽게 해 달라. 이 세상에서 몰래 빠져나와, 내가 누워 있는 곳을 말해 줄 비석 하나 없이."

진정한 위대함 앞에서 내가 느낀 것이 있다. 그것은 일종의 겸손인데, 나사렛 예수, 부처, 노자 같은 이들에게서 볼 수 있으리라 상상하곤 한다. 내가 마더 미라(Mother Meera)와 마주 앉았을 때였다. 그녀는 독일에 사는 인도 출신의 종교적 스승인데, 내가 그 눈을 들여다보았을 때, 그녀에겐 전혀 아집이 없어 말 한 마디 하지 않고도 그녀의 마음이 와 닿을 정도였다. 그녀는 믿을 수 없을 만큼 영성이 높아, 지금이나 앞으로나 그녀가 알아야 할 것이라고는 아무것도 없을 듯했다. 카를로스 카스타네다가 위대한 영적 스승들인 나구알(Nagual)들과 교제한 일에 대해 쓴 적이 있다. 그는 그들의 익명성과 겸손에 흥미를 느꼈다. 그들은 보통 사람과 똑같은 모습을 하고 있지만, 엄청난 지식의 소유자였다. 겸손하기는 하나 진지하게 살고 있었다. 늘 존재하고 있으나 거의 보이지 않았다. 이 역설적인 특성은 알렉산더 포프의 시 마지막 연에서 읽을 수 있다. 보이지 않고 알려지지 않게 살아가는 법을 배우자. 눈에 띄려는 욕망에서 벗어나 당신이 하는 일을 그대로 하자. 그것은 누군가가 당신을 이끈다는 것을 느끼고 있기 때문이다. 당신은 뒤로 물러나 권위와 평화 속에 머물러 있기 때문이다.

나와 동시대의 스승 구루지와 처음 대면했을 때, 우리는 완벽한 침묵 속에서 마주하고 있었다. 침묵은 거의 한 시간이나 계속됐다. 말이 필요 없었다. 당시는 내가 명상법을 한창 열심히 가르치던 때였지만 그는 그것에 대해 단 한 마디도 하지 않았다. 위대한 스승들은 익명성과 겸손을 유지할 필요가 있다는 것을 알고 있다.

알렉산더 포프의 시 「홀로 사는 삶」의 지혜를 적용하기 위해 다음 아이디어를 깊이 생각해 보기 바란다.

✤ 나를 돌아보기 ✤

● ― 하루 중 일정 시간을 할애해 침묵 외에는 아무것도 하지 않는, 혼자만의 시간을 갖자. 가능하면 집이나 사무실에서 부드러운 클래식 음악을 틀어 놓고 귀에 거슬리는 생활의 소음을 죽이자. '모차르트 효과'는 균형 감각과 평온 감각을 만들어낸다. 그것은 문자 그대로 생산성을 증가시키고 스트레스를 줄여 준다.

● ― 동물과 새, 바람과 파도 소리를 들으며 자연 속에 있는 시간, 오염되지 않은 공기를 천천히 깊게 들이마시는 시간을 충분히 갖자. 야생의 장소에 머무는 시간을 갖는 것은 당신을 젊게 만드는 훌륭한 요법이다.

● ― 이름을 밝히지 말고 자선을 실천하자. 이 사실을 혼자만 간직하고 당당하게 생각하되 칭찬을 바라지는 말자.

2부

나와 너를 위한 지혜
Wisdom of the Ages

타인 존중　낭만적 사랑　자비　용서　비폭력　실행　리더십　편견　고정관념　교감

11

랠프 월도 에머슨
다람쥐와 산의 싸움 _타인 존중

우화

산과 다람쥐가
말싸움을 벌였다.
"이 눈꼽만 한 건방진 놈아."라고 산이 부르자
다람쥐 녀석이 대답했다.
"넌 덩치는 정말 크구나.
그러나 삼라만상과 춘하추동이
한데 합쳐져야
1년이 되고
세계가 되느니라.
때문에 나는 지금의 내 위치가
전혀 부끄럽지 않다.
내가 너만큼 크지는 못하지만
너는 나만큼 작지는 못하고.
내 반만큼도 날쌔지 못하잖아.

물론 네가 나에게
매우 아름다운 길이 되어 주는 것을 인정한다.
각자의 재능은 모두 다른 법.
만물은 적절하고 현명하게 이루어졌다.
내가 숲을 짊어질 순 없지만
너 역시 도토리를 깨지는 못한다."

나는 랠프 월도 에머슨을 무척 존경한다. 이 선집에서는 그의
시만 유일하게 두 편을 실었다. 한 편은 그의 시에서 골랐고, 다른
한 편은 폐부를 찌르는 듯한 그의 에세이에서 골랐다. 에머슨은 미
국 초월주의자들의 전통을 처음으로 세운 사람이다. 그의 철학은 우
주의 영이 어디에나 스며 있다는 것을 강조했는데, 그에 의하면 신
이 존재하지 않는 곳은 없다. 앞서 인용한 우화에서 에머슨은 다람
쥐와 산의 싸움을 시적으로 표현하며 이런 견해를 나타내고 있다.

그가 살던 시대에 사람들을 영적으로 인도하는 것은 국교만의
독점적 영역이었다는 사실을 기억한다면, 에머슨이 얼마나 위대한
가를 새삼 이해할 수 있을 것이다. 에머슨은 전통적인 종교의 교리

•• **랠프 월도 에머슨(1803~1882)** 미국의 시인이자 수필가이자 철학자. 자연이
란 영적인 존재가 형상을 띠고 태어난 것이라고 믿은 확고한 낙관주의자였다.

와 수사학에 도전했다. 그는 모든 곳에 존재하는 신의 모습을 보면서, 신이 형체를 지닌 실물이라면 그리 위대하지도, 나약하지도 않다는 새로운 깨달음에 대해 이야기했다.

털북숭이 작은 설치류인 다람쥐는 보이지 않는 신의 힘을 가지고 있다. 그것은 산이 숲을 업고 다닐 수는 있지만 딱딱한 열매 하나 깨뜨릴 수 없는 것과 똑같다. 이 시에서 에머슨은, 우리는 각자 자신의 형태, 크기, 또는 이동성에 상관없이 사명을 완수할 특별한 기회를 가진 신의 피조물이라고 말한다. 다른 사람들이 어떻게 자신의 사명을 완수하는지와는 상관없이. 신의 피조물에는 어떤 형태를 하고 있든, 어떤 식으로 살든, 살아 있는 모든 것이 포함된다.

나는 비슷한 이야기를 하나 더 알고 있다. 나의 위대한 스승 니사르가닷타 마하라지가 한 이야기다. 그는 인도에서 살았는데, 신비로운 영혼의 성자로서 큰 존경을 받았다. 어느 날 한 열성 신자가 니사르가닷타에게 물었다. "스승님은 어떻게 '내 세계에서는 잘못된 것이 하나도 없다.'고 말씀하실 수 있습니까?" 그러자 니사르가닷타는 나무와 원숭이의 대화를 들려 주었다.

원숭이가 나무에게 말했다. "너 정말 평생 동안 한자리에 붙박힌 채 전혀 움직이지 않았다는 거냐? 이해할 수 없어!"
나무가 원숭이에게 말했다. "너 정말 하루 종일 한시도 가만있지 않고 이리저리 힘들게 쏘다닌다는 거냐? 이해할 수 없어!"

결국 질문을 던졌던 사람은 자신의 스승이 영혼을 바라보는 관점, 즉 자기 몸을 자기 것으로 인정하는 법에 대해 이해하게 되었다. 다른 사람을 비판하는 눈으로 바라보면, 원숭이가 나무를 이해하는 식의 시나리오나, 그 반대의 시나리오를 만들게 된다. 에머슨의 시에서 알 수 있듯이, 두 생명체가 보편적으로 동등한 지성을 가지고 있는 것은 확실하지만, 그 둘은 서로를 좀처럼 이해하려 들지 않는다. 에머슨의 우화와 니사르가닷타의 이야기는 특히 내 삶에 딱 들어맞는다.

나는 최근 아내와 함께 『약속은 약속(A Promise Is a Promise)』이라는 책을 썼다. 어떤 어머니에 대한 실화인데, 그녀는 28년도 넘게 혼수상태에 빠진 딸을 돌보고 있다. 어머니는 24시간 내내 두 시간 간격으로 딸을 먹이고, 돌려 눕히고, 네 시간마다 인슐린을 주사하고, 이런 모든 비용을 지불하기 위해 돈을 벌고, 매일 밤 딸 곁의 의자에서 잔다. 28년 전, 열여섯 살이던 딸 에드워다가 당뇨성 혼수에 빠져들고 있을 때였다. 딸은 "내 곁을 떠나지 않을 거지, 엄마?"라고 부탁했고 어머니 케이는 "얘야, 절대로 떠나지 않을게. 약속한다. 약속은 약속이야."라고 대답했다.

그 후 28년 동안 에드워다 오바라는 조발성 치매의 일종인 간장병 증세 때문에 눈을 테이프로 붙인 듯 감아야 했던 코마 원(coma 1) 상태에서, 목소리와 웃음소리를 알아듣고 슬프면 울기도 하는 코마 나인(coma 9) 상태로 점차 회복되었다. 그녀는 여전히 눈을 감고 있으나 그것은 자기 스스로 감은 것이며, 가끔 자극에 반응하는 듯 보인다. 그러나 이 이야기의 가장 놀라운 부분은 에드워다가 자신을 방문한 사람들에게 끼친 영향이다. 그들은 모두 움직이지 못하는 에드워다의 몸에서 퍼져 나오는 조건 없는 사랑을 느꼈다. 어떤 사람들은 기적적으로 병이 나았다고 털어놓기도 했다.

나와 아내는 케이 모녀와 친분이 있었는데, 그들을 볼 때마다 깊은 자비와 사랑을 느꼈다. 나는 이 믿을 수 없는 사랑과 자비의 이야기를 널리 전해서 두 사람이 진 엄청난 빚을 줄이도록 돕고, 그 과정에서 글쓰고 말하는 내 재능을 사용할 수 있다는 사실에 축복을 느꼈다. 나는 케이와 에드워다로 인해서 이기적 자만심을 줄이고 더 영적인 수준의 봉사를 할 수 있었다.

에드워다가 계속 움직이지 못하는 상태로 머물러 세상 사람들이 그녀를 장애인이라 부른다 해도, 전혀 말하지 못해 계속 간호를 받아야 한다고 해도, 그녀는 자기 일을 하고 있다는 것을 나는 안다. 그리고 누가 알겠는가. 나와 내 글과 강연을 통해서 그녀가 깨어 있을 때보다도 훨씬 더 많은 사람들과 접촉하고 있을는지. 아마 그녀는 육신의 한계를 떠났기 때문에 다른 사람들이 기적을 일으킬 수 있게 도와줄 수 있을 것이다.

나는 알고 있다. 에드워다 오바라의 삶은 세상 그 누구의 삶보다 가치 있다는 것을. 세상을 살아가는 데 돌아다니거나 말하는 것이 꼭 필요한 건 아니다. 혼수상태인 그녀의 몸 속에 존재하는 생명력은 모든 사람의 몸 속에, 모든 산 속에, 모든 다람쥐 속에, 그리고 다람쥐가 깨뜨리는 모든 딱딱한 열매 속에 있는 생명력과 같다. 에드워다의 삶은 사명을 띠고 있다. 그녀는 자신에게 예정된 방법으로 날마다 그 사명을 완수하고 있다. 그녀는 우리에게 자비를 베풀라고 가르친다. 그녀는 우리에게 조건 없는 사랑에 대해 가르친다. 그녀는 인생이 무한대의 가치를 지니고 있다는 사실을 내가 직접 체험하게 해 주었다. 나는 이 젊은 여자가 25년 이상이나 생명 유지 장치를 부착하지도 않은 채 이런 상태로 살아온 이유를 그저 이해하는 척하고 있는 게 아니다. 세상에는 내가 절대로 이해하지 못할 것들이 많은데, 나는 그 이해 못할 방식 때문에 그것들을 좋아한다.

『약속은 약속』을 쓰면서 오바라 가족과의 만남을 통해 배운 것은, 내가 마치 나무에게 얘기를 걸고 있는 원숭이나 산과 대화하고 있는 다람쥐 같다는 것이었다. 원숭이나 다람쥐는 이리저리 옮겨 다니며 말없이 정지해 있는 것들에게 수다를 떤다. 움직일 수 없고 말없이 침묵을 지키고 있지만, 그것은 똑같은 생명력이 다른 형태로 나타난 것이다.

에머슨의 우화는 세상 어디에나 있는 이런 생명력을 알아볼 수 있는 시적 통찰력을 제공해 준다. 서로의 특성이 다르다는 이유로 한쪽이 다른 쪽보다 더 우월하다고 판단하지 않을 때, 그럼으로써 서로의 진정한 생명력을 알아볼 수 있을 때 우리는 정신적으로 성장해 나간다.

✛ 세상 모든 것의 가치 ✛

● — 자신의 기준으로 다른 사람의 중요성이나 가치를 판단하지 말자. 모든 사람과 모든 생물에게서 숨어 있는 신의 모습을 보자. 눈에 보이지 않는 영혼의 영역에서는 누구도 남보다 뛰어나지 않다는 것을 깨닫자. 우리의 껍질은 모두 다양한 형태로, 다양한 크기로, 다양한 조건에 따라 달라진다는 것을 되새기자.

● — 만나는 모든 사람에게서 재능을 찾아 보자. 산은 비록 딱딱한 열매 하나 깨뜨릴 수 없지만 숲을 업고 다닐 수 있다. 이처럼 살아 있는 피조물들은 모두 자기 안에 자신만의 완벽함을 쌓아 두고 있다. 그 주인을 담고 있는 그릇 모양만 보고 오판하지 말자. 그릇이 담고 있는 완벽함을 찾기 위해 노력해 보자.

● — 간단한 지혜를 실천하자. 그것은 "세상에는 내가 이해하지 못하는 것들이 많다. 나는 그 이해하지 못할 방식 때문에 그것들을 좋아한다."는 것이다.

● — 정상적이라고 평가받는 다른 사람들과 비교해서 판단하지 말자. 대부분의 사람이 볼 수 있는 눈을 가지고 있다 해서 맹인이 의미 없는 사람인 것은 아니다. 대부분의 사람이 걸어다니고 말한다고 해서, 말 없이 누워 있는 사람들이 그만큼 중요하지 않다는 것은 아니다.

12

엘리자베스 배릿 브라우닝
내가 당신을 사랑하는 법 _낭만적 사랑

「포르투갈인으로부터의 소네트」에서

당신을 얼마나 사랑하느냐구요? 헤아려 보죠.
비록 그 빛 안 보여도
존재의 끝과
영원한 영광에 내 영혼 이를 수 있는
깊이와 넓이와 높이까지 사랑합니다.
태양과 촛불 곁에서 매일매일
더 이상 고요해질 필요가 없는 정도에 이르기까지.
권리를 위해 싸우듯 자유롭게 당신을 사랑합니다.
칭찬을 외면하듯 사심 없이 그대를 사랑합니다.
지나간 슬픔에 쏟았던 정열로써 사랑하고
내 어릴 적 믿음으로 사랑합니다.
세상 떠난 성인들과 더불어 사랑하고
잃은 줄 알았던 사랑으로 당신을 사랑합니다.
내 평생의 숨결과 미소, 눈물로써 당신을 사랑합니다!

그리고 신이 허락한다면
죽어서 더욱 당신을 사랑할 겁니다.

　엘리자베스 배럿 브라우닝의 이 시는 아마 순수한 낭만적 사랑
에 대해 쓴 시 중에서 가장 유명한 시일 것이다. "내가 그대를 얼마
나 사랑하느냐구요"를 들으면 자동적으로 "그 방법을 헤아려 보죠"
를 따라 읊지 않을 사람은 거의 없을 것이다. 누군가를 사랑하는 방
법을 세어 본다는 건, 특히 그것이 낭만적 사랑이라면, 무척 동화적
인 발상일 것이다.
　엘리자베스 배럿과 로버트 브라우닝(역시 이 책에 소개한 대시인
이다)의 이야기는 역사상 가장 위대한 사랑 이야기 중 하나다. 이 섬
세한 두 시인은 서로 만나기도 전에 자신들의 시를 통해 사랑으로
결합한다. 엘리자베스가 두 번째 시집을 출간한 것은 1844년이다.
그 시집은 런던 문학계에서 대단히 환영을 받았다. 1845년 1월, 그녀
는 저명한 시인 로버트 브라우닝에게서 한 통의 편지를 받았다. 그

　••**엘리자베스 배럿 브라우닝**(1806~1861)　영국 시인이며, 시인 로버트 브라우
닝의 아내이다. 그녀가 쓴 시의 주제는 폭넓은 인도주의적 관심사, 비정통적인
종교적 감정, 그녀가 귀화한 나라 이탈리아에 대한 애정, 그리고 남편에 대한 사
랑을 아우르고 있다.

내용은 이렇다. "친애하는 배럿 양, 당신의 시를 진심으로 사랑합니다. 또한 당신의 시집을 진심으로 사랑합니다. 그리고 당신 역시 사랑합니다." 둘은 그 해 여름에 만나 이듬해에 결혼했다. 엘리자베스는 젊은 나이에 비해 대단히 많은 병을 앓았다. 그녀는 아버지와 함께 살고 있었는데, 아버지는 딸이 로버트 브라우닝과 편지로 결혼을 약속한 것을 전혀 모르고 있었다. 그들은 그녀 아버지의 승낙도 받지 않은 채 비밀리에 결혼했고, 그녀의 건강을 위해 이탈리아로 이사했다. 엘리자베스의 아버지는 1856년에 사망했는데, 딸의 행동을 끝까지 용서하지 않았다.

엘리자베스 브라우닝과 로버트 브라우닝은 낭만적인 축복 속에 이탈리아에서 살았다. 그녀는 1849년에 단 하나뿐인 아이를 그곳에서 낳았다. 그녀는 미국의 노예제도에 반대하는 열정적인 시를 많이 썼다. 1861년 쉰다섯 살이 되었을 때, 그녀의 병이 다시 도졌고 영원히 사랑한다는 남편의 말을 들으며 그의 팔에 안겨 죽었다.

엘리자베스 배럿 브라우닝의 이야기는 「포르투갈인으로부터의 소네트」라는 시선집에서 가장 널리 알려진 이 노래에 담겨 있다. 마지막 행은, 얼굴을 보기도 전에 단지 그녀의 영혼 때문에 그녀를 사랑한 남편의 깊은 사랑에 대해 말하고 있다. 그녀는 사랑의 시로 그것을 표현했다. "그리고 신이 허락한다면, 죽어서 더욱 당신을 사랑할 겁니다."

이 소네트에서 한 여인은 사랑하는 남자에 대해 깊은 애정을 쏟으며 이렇게 말한다. 사랑한다는 것은 머리 위로 벼락을 맞는 거라거나, 사랑의 거대한 에너지로 인해 말이 없어지고 우울해지는 것이 아니라고. 사랑에 빠지는 것은 단순히 육체적 매력 때문만은 아니다. 사랑한다는 것은 낭만적 사랑의 감정을 이루고 있는 무수히 작은 요소들 때문이다. 사랑하는 사람은 "매일매일 더 이상 고요해질 필요가 없는 완벽한 정도에 이르기까지 사랑한다."고 소네트에서 말한다. 만약 그런 멋진 감정을 느낀다면 그 방법들을 한번 세어 보자.

내 아내 마셀린은 아름다운 여인이다. 그녀를 볼 때마다 나는 이렇게 천사 같은 여인과 사랑에 빠졌다는 것이(그리고 그녀에게서 그만큼의 사랑을 받고 있다는 것이) 얼마나 행운인가를 생각한다. 하지만 그녀의 외모가 내 사랑의 원천은 아니다. 마치 엘리자베스 배릿 브라우닝이 소네트에서 그녀가 헤아려 본 여러 방법 중 하나로 남편의 잘생긴 용모를 말하지 않은 것처럼 . 그 방법들은 개별적으로 생각할 때는 사소해 보이나, 하나로 모아 보면 낭만적 사랑의 원천이 된다.

아내가 자고 있는 동안 나는 그녀를 들여다본다. 그녀는 기도하듯 손을 포개고 잔다. 그녀는 밤새 꿈쩍도 않고 그렇게 누워 있다. 마치 천사를 들여다보는 것 같다. 이것이 소네트에서 말하는 방법 중 하나다.

미묘한 순간이라서 포착하기가 쉽지 않지만, 아내가 아이들과 함께 기쁨과 만족감에 넘쳐 웃는 모습을 나는 주의 깊게 바라본다. 이것이 소네트에서 말하는 방법 중 하나다.

내가 아침에 조깅을 하러 가기 전 식구들보다 먼저 깨어나 부엌 전등을 켜려고 할 때면 아내가 불을 이미 켜 놓았다는 것을 알게 된다. 나를 위해 주스를 만들려고 유리잔과 믹서를 꺼내 놓기도 한다. 대단한 것은 아니지만 나는 눈여겨본다. 이것이 소네트에서 말하는 방법 중 하나다.

나는 내 육신 안에 있는 영혼, 소리 없이 말하는 목소리를 관찰한다. "나는 봉사하기 위해 여기 있다. 나는 내가 만나는 모든 사람에게 관심을 쏟아야 한다. 나는 남들에게 베풀되 인정받기를 원하지 않는다. 나는 나보다 운이 나쁜 사람들을 따뜻한 마음으로 대한다. 나는 하느님을 무한히 존경한다. 나는 폭력을 매우 슬퍼한다. 나는 당신과 연결되어 있다. 그리고 나는 당신을 위해 늘 거기 있을 것이다. 그것은 영원히 계속된다. 죽음도 그것을 멈추게 할 수 없을 것이다." 내가 홀로 있을 때 소리는 내지 않지만 나에게 말을 거는 그 영혼을 주목하고 있다. 그것이 소네트에서 말하는 방법 중 하나다.

나는 그녀를 사랑하는 방법들을 1,000페이지 정도 더 써내려가면서 헤아려 볼 수 있다. 그러나 지금까지 쓴 것만으로도 그 메시지는 확실하다고 생각한다. 매일매일 수많은 나날을 관찰하면, 우리의 가장 깊은 사랑이 드러나게 되어 있다. 그것은 바로 우리라는 존재의 중심에까지 미치는 하나의 느낌이지만 가장 표현되지 않는 것이기도 하다.

이 특별한 소네트에서, 시인은 자신의 전폭적인 사랑을 이런 식으로 표현한다. "내 평생의 숨결과 미소, 눈물로써 당신을 사랑합니다!' 나 역시 이런 감정을 알고 있다. 내 숨결은 내 삶 자체다. 그리고 나는 마셸린, 당신을 사랑한다. 숨쉴 만한 힘이 남아 있는 한 힘껏. 당신의 호흡과 나의 호흡은 하나다. 그것은 내가 당신을 얼마나 사랑하는지 말해 준다. 행복했던 시간들, 낭만적인 저녁식사, 어두운 극장에서 느꼈던 당신 손의 감촉, 단둘이 소풍을 떠나 외딴 해변에서 즐긴 사랑, 아이들 하나하나의 탄생이 소네트에서 말하는 삶의 미소와 같은 것들이다. 그런 미소는 매우 많으며, 당신은 그 미소들을 통해 사랑받고 있다.

삶의 눈물 역시 우리가 사랑이라고 부르는 전체의 중요한 부분이다. 실망, 다툼, 그것이 무엇인지 파악하기도 전에 헤어져야 했던 초기의 고통스러운 시간들. 우리의 삶에서 눈물은 모두 "나 그대를 얼마나 사랑하느냐구요?"라는 질문에 대답하면서 셀 수 있는 방법들이다.

그렇다. 그 방법들은 자유롭고 순수하게 사랑할 수 있는 능력이다. 그리고 이른바 사소한 그 모든 방법 안에서, 그것 때문에 열정이 되살아나고 지속된다. 이 소네트가 씌어지고 150년쯤 지난 지금, 이 특별한 시는 우리 모두에게 메시지를 전하고 있다. 또 앞으로 다가올 수천 년 동안 가슴과 영혼 속에서 자유롭고 순수한 사랑의 불꽃을 느낄 사람들에게 그 메시지를 전할 것이다. 소네트가 우리에게 주는 메시지는 명확하다. 그 방법들을 헤아려 볼 수 있는 시간을 가져라. 그리고 그것을 사랑하는 사람들에게 전달할 시간을 가져라. 그 시간은 헤아려 볼 시간보다 더 중요하다. 그러면 당신은 엘리자베스 브라우닝이 사랑한 사람에게서 느낀 감정을 경험하게 될 것이다. 나 역시 오늘 그 느낌을 경험하게 될 것이다. "나는 당신을 내 영혼이 닿을 수 있는 깊이와 넓이와 높이까지 사랑합니다." 이 이상의 것은 없다!

✢ 실천하는 사랑 ✢

● — 당신이 상대에게 이끌린 점들이 비록 사소할지라도 사랑하는 이에게 꼭 얘기해 주자. 그걸 소리 내어 말한다는 것은, 사랑하는 사람과 감정을 공유하고 감사를 표현하는 방법이다.

● — 육신 속에 있는 속 사람은 겉모습이 아닌 내면에 더 큰 관심을 기울인다. 그가 보여주는 친절, 그가 다른 사람에게 느끼는 사랑, 모든 생명이 가지고 있는 영혼에 대해 보여주는 존경심을 소중히 여기라.

● — 사랑하는 사람에게 직접 쓴 시나 사랑의 글을 보내자. 글을 잘 쓰든 못 쓰든 상관없다. 마음에서 우러나오는 시들을 사랑하는 사람은 보물처럼 영원히 간직할 것이다. 실제로 그런 시들을 액자에 넣어 뽐내듯 내걸기도 한다. 그 시가 의미하는 것이 그만큼 크기 때문이다.

윌리엄 셰익스피어

13 가장 강한 축복의 힘_자비

『베니스의 상인』에서

자비의 본질은 강요될 수 없는 것.

자비는 하늘에서 오는 부드러운 비처럼

저 아래 땅 위에 내린다. 그것은 두 번의 축복.

베푸는 이에게도 축복이며 받는 이에게도 축복이다.

자비는 힘 중에서도 가장 강한 힘.

그것은 세속의 왕관보다

더 높은 왕좌에 앉은 군주가 된다.

왕의 홀은 권세를 보여주고, 두려움과 권위를 드러낸다.

거기에 왕에 대한 두려움이 도사리고 있다.

그러나 자비는 왕권 위에 있다.

왕의 마음속에 있는 왕좌에 앉아 있다.

자비는 신의 속성.

자비가 정의에 더해지면

그때 지상의 권력은 신의 권력과 같아 보이리라.

역사상 가장 위대한 극작가이자 소네트 시인으로 인정받는 이의 글에서 단 한 편을 고르는 것은 쉽지 않다. 윌리엄 셰익스피어를 읽는다는 것은 영어라는 언어 속에서 길을 잃는 일이 되고 만다. 그만큼 그가 사용한 영어는 일찍이 선례가 없을 만큼 풍부하고 독창적이다. 나의 첫 번째 선택은 『햄릿』에 나오는 뛰어난 독백이었다. 거기서 그는 진리를 찾고 더 높은 깨달음을 찾는 사람이라면 솔깃할 만한 질문을 한다. "사느냐 죽느냐"는 확실히 '그런' 질문이다. 하지만 그런 주제들은 이 책 여러 곳에서 다뤘다고 생각했다. 돌팔매나 화살과도 같은 운명의 난폭한 고통에 물러서지 않고 고난의 바다에 무기를 들고 뛰어들어 그것을 끝장내는 그런 내용들 말이다.

나는 마침내 『베니스의 상인』에 나오는, 자비의 속성에 대한 이 글을 뽑기로 결정했다. 인간의 속성에 대해 지금까지 씌어진 것 중에서 가장 의미 깊고 실질적인 시라고 느꼈기 때문이다.

자비의 정신을 날마다 베풀며 산다는 것은 사랑과 연민을 키워가는 과정 속에서 더 기본적이고 원초적인 우리의 본능을 잠재우는 것이다. 다른 사람에게 상처를 받았을 때, 처음 느끼는 충동은 보통 침착해지려는 것이다. 자비보다 복수를 부추기는 것은 좀더 야만적인 충동이다. 하지만 셰익스피어는 이런 자비의 속성에 대해, "하늘에서 오는 부드러운 비처럼, 저 아래 땅 위에 내린다. 그것은 두 번의

• • **윌리엄 셰익스피어(1564~1616)** 엘리자베스 여왕 시대와 제임스 1세 초기의 영국 시인이자 극작가. 영국 문학을 대표하는 명성 높은 작가이다.

축복. 베푸는 이에게도 축복이며 받는 이에게도 축복이다."라고 말한다. 그것이 셰익스피어가 자비를 신의 속성이라고 부른 이유이다. 자비 혹은 연민의 첫 번째 축복은 당신, 즉 주는 사람에게 있다. 이 메시지는 정신적인 문학들이 제공해 왔던 여러 가지 지혜를 요약한 것이다. 그것은 어떤 기준에 따라 살려다가 실수하거나 실패했을 때 자신을 가혹하게 판단하지 말고 동정심을 가지라는 것이다. 잘못된 행동이나 실수는 떨쳐낼 수 있다는 생각을 가지고, 자신을 품위 있고 사랑스럽게 대해야 한다. 우리는 세상의 어두운 구석에서 떠돌다가 스스로의 행동에 당황하고 실망해서 그곳을 벗어나기도 한다. 인간이기 때문에 있을 수 있는 일이다. 그러므로 자신을 용서하라. 셰익스피어가 "세속의 왕관보다 더 높은 왕좌에 앉은 군주가 된다."고 말한 속성, 바로 그 자비를 자신에게 베풀라. 그리고 당신 역시 그가 말한 것처럼 군주가 되기를 소망하라. 그런 자비를 받는 축복을 누리게 되면, 그 자비를 다른 이에게도 줄 수 있는 마음이 생긴다.

자신에게 진정한 자비를 베풀 수 없다면, 다른 사람에게도 결코 자비를 베풀 수 없을 것이다. 자신을 사랑하지 않는다면 다른 사람에게도 결코 사랑을 줄 수 없는 것과 같은 이치다. 또한 돈이 한 푼도 없다면 가난한 사람에게 결코 돈을 줄 수 없는 것과도 같다. 자신에게 연민을 가질 수 있는 방법이 있다. 나의 스승 스리 니사르가다타 마하라지의 날카롭고 현명한 충고를 따르면 된다. 그는 나에게 이렇게 말했다. "죄인과 성자는 어음을 교환하고 있는 것일 뿐이다. 성자는 이미 죄를 지었으며, 죄인은 죄를 씻게 될 것이다." 우리 모두는 이미 죄를 지었다. 우리가 성자라고 부르는 사람들도 이미 죄를 지었다. 이 말을 신중히 생각해 보면, 자신을 위한 연민을 쉽게 얻고 그것을 줄 수 있다. 이것이 바로 셰익스피어가 자비를 두 가지 축복이라고 한 의미이다.

우리는 세속의 권력자를 두려워한다. 그러나 음유시인 셰익스피어가 가르쳐 준 것처럼, '왕의 홀'이라고 시적으로 상징한 자비는 '왕권' 위에 있다. 우리에게 고약하게 행동하거나 해를 끼친 사람들의 속을 들여다보기 위해서, 또 황제의 힘을 가진 지팡이를 휘두르려는 마음을 억누르기 위해서는 신의 속성이 필요하다. 그 범죄자들을 향해 신을 대신해서 연민을 보여 줄 때, 우리는 "그때 지상의 권력은 신의 권력과 같아 보이는" 지점에 이르게 된다.

사람들은 나이를 먹고 몸집이 커지면서 권위를 내세울 수 있는 부모 또는 성인이 된다. 그러면 국왕과 같은 힘을 드러내는 경향이 많아진다. 아이들이 순종하지 않으면 벌을 주고 혼내려는 유혹을 강하게 느낀다. 연민이란 우리 마음속에 가장 마지막으로 자리한다. 그런 순간을 통해서 나는 내가 가장 어둡고 무서운 상황에 빠졌을 때 참을성 있고 자비로운 신이 언제나 나와 함께했음을 떠올리는 방법을 배웠다. 나는 신에게 버림 받는다는 느낌을 절대로 가진 적이 없다. 내가 하는 일이 실패해서 많은 사람들에게 동정을 받았을 때도 마찬가지였다. 정의를 버리고 자비를 갖는 것이 아니라 정의와 자비를 함께 갖출 때, 신의 속성은 인간에게 가장 큰 도움이 된다.

규칙을 어겼거나 약속을 지키지 못했거나 어떤 식으로든 비뚤

어진 아이들에게 부모 행세를 할 때면, 나는 정의에 자비를 더하라는 셰익스피어의 충고를 생각한다. 나는 아이들에게 너희들을 무척 사랑한다고 말한다. 뭔가 비꼬는 듯한 마음이 들면 자비와 연민의 중요성을 되새긴다. 그 상황이 지나고 나면 아이들은 언제나 사랑받고 있다는 걸 느낀다.

자비를 베풀어야 한다는 생각은 인생의 모든 영역에서 모든 관계에 적용된다. 자신에게 해를 끼치거나 실망시킨 사람들에게 연민을 베푸는 것은 희생한다는 뜻이 아니다. 그것은 대화하는 방법을 말하는 것이다. "나는 이해하고 용서해. 그렇지만 그걸 좋아하지는 않아. 나는 이런 식으로 취급받는 건 싫어. 당신이 이걸 당연하게 생각한다면 참을 수 없을 거야." 대화가 희생과 다른 점은 복수를 해야 할 필요가 없고, 혹은 누가 더 우월한지 증명할 필요가 없다는 것이다. 자비심을 가지면, 거의 날마다 겪게 되는 사악한 행동들 때문에 마음이 어수선해지거나 낙담하는 일이 훨씬 줄어든다는 것을 알게 될 것이다. 그 죄인들을 사랑하는 마음을 갖게 될 것이다. 화를 내다가, 미워하다가, 마침내 복수하겠다는 욕망에 사로잡히지 않게 될 것이다.

마음속에 자비를 베풀려는 소양이 있으면, 무엇을 반대하는 쪽보다는 도움이 되는 쪽에 시선을 두게 된다. 굶주림을 예로 들어 보자. 사람들이 굶주림으로 고통 받는 것을 본다면 당신은 화가 나서 모든 것을 멈추는 게 아니라 도움이 되는 것, 즉 사람들을 가르치고 먹이는 것에 관심을 가진다. 연민은 화를 유발하기보다는 사랑을 베푸는 해결책으로 당신을 이끈다. 동아리나 가족처럼 사랑하는 사람들을 향한 자비는, 처벌보다는 무례한 행동을 고쳐 주는 것에 초점을 맞추게 만들 것이다.

영감이 가득한 이 시에서 셰익스피어가 말한 것처럼, "자비는 힘 중에서도 가장 강한 힘"이다. 한 인간으로서 당신의 힘이 강해질수록 당신은 더 강한 자비의 힘을 보여 줄 것이고, 권위의 상징을 보여 주어야 할 필요는 더 줄어들 것이라는 뜻이다.

다음 내용을 실행하면, 세계에서 가장 위대한 언어의 연금술사가 쓴 이 구절의 사상을 당신의 삶에 적용할 수 있을 것이다.

✤ 자비로워지는 법 ✤

● — 정의롭게 일을 처리해야 할 상황이면 자신이 지닌 인간성의 두 가지 면을 명확하게 바라보자. 한 면은 벌을 내릴 힘을 가진 왕이다. 다른 면은 처음부터 끝까지 사랑과 연민을 보내는 자비의 상인이다. 어떻게 해서든 정의를 찾아 거기에 자비라는 양념으로 맛을 내야 한다.

● — 어떤 행동이든 과거의 모든 행동에 대해 자신에게 자비를 베풀자. 자신을 가혹하게 비판하지 말자. 그 모든 실수와 잘못된 행동은 살아가면서 그 자리를 넘어서기 위해 필요했던 것들이다. 자신을 친절하게 대하자. 그리고 자신을 향해 품고 있는 나쁜 감정을 남김없이 없애 버리자.

● — 일단 자신의 느낌을 밝혔다면, 그리고 정당하게 처리되고 있다면 그대로 놔두자. '지금' 그대로 놔두자는 뜻이다. 원한에 얽매이지 말자. 과거의 끊임없는 기억에 얽매여 다른 사람을 죄인으로 몰고, 스스로를 혼란스럽게 만들지 말자. 그대로 되어 가도록 놔두자.

● — 가장 골치 아픈 고민거리를 신에게 넘기자. 이렇게 말하기만 하면 된다. "사랑하는 하느님, 이런 상황에서 자비를 베푼다는 건 지극히 어렵다는 걸 알았습니다. 그래서 그것을 당신에게 완전히 맡기려고 합니다. 제가 가장 자비롭고 인간적인 방법으로 행동하도록 이끄실 거라는 걸 알고 있습니다." 이렇게 하면 고집을 부리거나 성이 나 있는 상태에서 풀려나 자유롭게 된다.

랭스턴 휴스

마음의 상처_용서

14

혼혈

아버지는 백인
어머니는 흑인.
만약에 내가 백인 아버지를 저주한 적이 있다면
내 저주를 다시 거두어 들이리.

만약에 내가 흑인 어머니를 저주하여
지옥에나 가라고 빈 적이 있다면
그 못된 소원을 미안하게 생각하며
이제 어머니의 명복을 비네.

아버지는 멋진 저택에서 작고했으나
어머니는 오두막에서 숨을 거두었지.
흑인도 백인도 아닌
나는 어디서 죽게 될까?

내가 미국 시민권 운동의 선조로 생각하는 사람이 쓴 이 짧고 재치 있는 시는 외모, 특히 피부 색깔에 따라 사람을 분류하는 부조리에 대한 패러디일 뿐만 아니라 용서라는 치유 효과에 대한 찬사이다. 첫 두 연의 마지막 행은 우리에게 강력한 메시지를 던지고 있다. 사회적, 정신적 건강뿐만 아니라 참된 영성이 무엇인지를 잘 요약해 주고 있다. "내 저주를 다시 거둬들인다."는 행과 "어머니의 명복을 빈다."는 행이 그렇다. 이 두 행을 통해 랭스턴 휴스가 우리에게 말하고 있는 것은 무엇일까? 그는 부모에게 "당신들을 용서합니다. 당신들에 대해 가졌던 나쁜 생각을 모두 용서해 주세요."라고 말할 만큼 자신이 정신적으로 성숙했음을 나타내려는 것이라 생각한다.

용서라는 단순한 행동에 깃들어 있는 자유는 분노 때문에 생기는 낭비와 미움 때문에 생기는 손해를 줄여 준다. 용서는 마음의 평화를 살 수 있다. 용서로 인해서 지금까지 줄곧 당신을 겨냥하고 있던 원한이나 적의를 참아 넘겼던 일들을 생각해 보라. 베이고 찔린 모든 상처는 뱀에게 물린 것과 같다. 사람은 상처 때문에 죽지는 않는다. 그러나 한번 물리면 그 이빨에서 벗어날 수 없으며, 온몸의 혈관을 통해 계속 흘러다니는 독 때문에 상태가 위독해진다. 독은 상처를 잊은 뒤에도 우리가 오래 매달려 있는 고통과 미움이다. 마음

• • **랭스턴 휴스(1902~1967)** 미국의 시인으로 유머러스한 신문 기사, 소설 등을 썼지만 그보다도 시로 가장 유명하다. 블루스와 발라드 리듬을 사용한 이 시들은 다큐멘터리이며, 미국 흑인들의 시련과 기쁨을 다루고 있다.

의 평화를 깨뜨리는 것도 결국 이 독이다.

해독제는 용서이다. 용서는 생각만큼 어렵지 않다. 만약 용서가 평생 동안 싸워야 할 힘들고 고통스러운 것이라고 믿는다면, 진실은 그 반대라고 나는 제안한다. 용서는 즐겁고, 편안하고, 무엇보다도 지극히 자유롭다. 용서는 후회의 짐, 과거의 슬픈 짐을 내려놓게 해 준다. 용서는 그냥 그대로 가게 놔두는 것의 또 다른 표현이다. 내 개인적인 경험 하나를 말하겠다. 그것은 내가 이 시에 그렇게 끌린 이유이기도 하다.

나의 늙은 아버지는 백인이었는데, 내가 아기였을 때 집을 나가서 그 뒤 전화 한 통 걸지 않았다. 당신의 세 아들이 잘 자라는지 알기 위해 전화한 적이 생전에 한 번도 없었다. 한때는 감옥에서 세월을 보냈고, 너무 심하게 술을 마셨고, 어머니와 다른 여러 여자들을 학대했으며, 마흔아홉의 나이에 간경변으로 죽어 미시시피 빌럭시에 있는 무연고자 묘지에 묻혔다.

나는 삼십대 초반까지 후회와 미움이라는 짐을 지고 살았다. 그리고 나서야 아버지의 무덤에 가서 "내 저주를 거두어들인다."고 랭스턴 휴스가 말한 것과 본질적으로 똑같은 말을 했고, 그렇게 함으로써 말 그대로 내 인생이 바뀌었다. 나의 글들은 성공하기 시작했고, 건강을 되찾으려는 노력은 굉장한 효과를 보았으며, 인간관계는 적의에서 벗어나 정신적인 파트너 관계로 바뀌었으며, 무엇보다도 내 혈관을 통해 독이 주입되고 있다는 부담에서 해방된 느낌을 받았다. 용서를 배우면 우리를 모욕하거나 학대하는 사람들을 딛고 일어설 수 있다. 용서하는 행위는 또한 싸움을 종식시킨다. 랭스턴 휴스의 시에서 마지막 연은 외모로 우리들 자신을 구분짓는 과정을 말하고 있다.

덴마크의 유명한 철학자 쇠렌 키르케고르는 이렇게 말했다. "일단 당신이 나를 분류해 버리면, 당신은 나를 부정한 것이다." 아주 작은 칸막이 안에 우리 자신과 다른 사람들을 분류해 집어 넣고, 그것을 근거로 모든 사람에 대해 판단하는 것은 가장 비이성적이고 비인간적이라고 생각한다. 그러나 그런 일은 계속되고 있다. 정부는 인구 조사 보고서를 작성하라고 한 다음 우리를 인종적으로 완전히 분류한다. 자본은 그런 차별을 기준으로 할당된다. 마음으로 느껴지는 것보다는 눈으로 볼 수 있는 것들을 근거로 하여 서로를 구별하려는 경향 때문에 편견이 만연하고 있다. 우리는 내부 장기를 바꿀 수 있고, 서로 수혈이 가능하다는 것을 알고 있으며, 우리 생각이나 영혼에는 색깔이 없다는 것을 알고 있다. 그러나 우리는 아직도 겉모습에 따라 우리 자신에게 분류 딱지를 붙이고 있다.

마우이에 사는 친한 친구가 하나 있다. 그의 흑인 아버지는 오랫동안 가족과 떨어져 살고 있으며, 어머니는 백인이다. 랭스턴 휴스처럼, 그는 어머니와 할머니 손에 자랐다. 언젠가 그가 우연히 이렇게 말하는 것을 들었다. "백인도 아니고 흑인도 아닌 나는 정말 미워할 사람이 없어." 이 생각에는 배울 점이 많다.

나는 랭스턴 휴스의 시에서 마지막 두 행을 좋아한다. 그 두 행은 어떤 사람이든 어떤 종류로 분류하는 것은 불합리하다는 것으로 요약된다. "흑인도 백인도 아닌 나는 어디서 죽게 될까?" 대단한 딜레마다. 우리는 그의 늙은 아버지와 어머니에게 어떻게 해야 할지를 알고 있다. 그러나 그는 어떻게 대접해야 하나? 이 사람 랭스턴 휴스는 1920년대와 1930년대에 시를 썼다. 미국에서 인종적 증오와 긴장이 최고조에 달했던 때다. 그는 대단한 용기를 가지고 진심으로 말했다. 아마 그의 가장 유명한 시는 「나 역시 미국을 노래한다」일 것이다. 용서와 분류라는 두 가지 주제에 대해 깊이 생각하면서 읽어보도록 그 시를 여기 게재한다.

나 역시 미국을 노래한다

나는 검은 얼굴의 형제이다.
백인들이 들어오자
나는 부엌으로 쫓겨나서 밥을 먹어야 했다.
하지만 나는 웃었으며
맛있게 먹고
건강하게 자랐다.

내일이면
백인들이 들어와도
나는 식탁에 남아 있을 것이다.
그때는

아무도 감히 나에게

"부엌에 가서 먹어."라고 말하지 못할 것이다.

게다가

그들은 내가 얼마나 아름다운지 볼 것이며

스스로 부끄러워할 것이다.

나 역시 미국을 노래한다.

그는 우리가 누구에게나 분류 딱지를 붙이면서 부끄럽게 행동했던 한두 세대 전의 이야기를 상기시킨다. 그가 옳았다. "아무도 감히 나에게 '부엌에 가서 먹어.' 라고 말하지 못할 것이다." 랭스턴 휴스 같은 사람은 웃을 수 있고, 점점 강해질 수 있고, 누군가는 반대할지도 모르지만 스스로를 아름답게 느낄 수 있기 때문이다. 그리고 용서할 수 있기 때문이다. 그가 모든 사람은 똑같은 가치를 지녔음을 우리에게 상기시켜 주었듯이, 윌리엄 블레이크 또한 편견에 반대하는 기억할 만한 시를 남겼다. "하늘나라에는 삶의 유일한 예술인 망각과 용서만이 있다."

랭스턴 휴스의 이런 생각들을 인생에 적용하기 위해 다음 사항들을 실천해 보자.

✤ 용서하는 법 ✤

● — 어떤 식으로든 나에게 잘못을 저지른 적이 있는 사람들을 모두 모아 보자. 얼마나 심했는지, 얼마나 최근인지 상관없이. 그리고 그것들을 잊어버리기로 하자. 용서는 마음에서 우러나오는 행위다. 당신 자신을 위해서, 당신 안에서 순환하도록 허용해 온 독에 대한 해독제를 제공하기 위해서 용서하자.

● — 당신의 부모들(그리고 과거의 모든 사람)은 삶의 조건이 주어졌을 때 알고 있던 것을 실행했다. 당신은 어떤 사람에 대해서든 더 많은 것을 요구할 수 없다. 아마 당신은 부모님 식으로 하지는 않을 것이다. 그러니 그것에서 배우자. 용서한다는 것은 용서하기 전까지는 깊은 상처가 회복되지 않는다는 것을 깨닫는 것이다. 그러므로 그런 선택을 하면 당신은 그 어느 때보다도 더 자유롭다는 것을 즉시 느끼게 될 것이다.

● — 생활 속에서 겪게 되는 분류하고 편 가르는 과정을 없애기 위해 노력하자. 육신의 차원을 넘어 모든 사람 안에 있는 신의 분신을 보자. 차별하지 않는 그 공간에서 그들과 자신에게 말하자. 모든 사람이 배척당하지 않고, "나 역시 미국을 노래한다."고 말할 권리가 있다는 것을 늘 기억하자.

마틴 루터 킹
15 나를 먼저 변화시키는 힘_비폭력

비폭력적인 해결법은 압제자의 마음을 즉시 바꾸지는 못한다. 그것은 비폭력을 실행하는 사람들의 마음과 영혼에 먼저 작용한다. 그들에게 새로운 자존심을 심어주는 것이다. 그것은 그들 자신도 미처 몰랐던 힘과 용기의 원천을 불러온다. 마침내 그것은 상대방에게 도달하여 그의 양심을 흔들어 화해가 실현되게 한다.

마틴 루터 킹 목사의 이 인용문을 보면 부처의 이야기가 떠오른다. 어떤 사람이 인생의 고난과는 상관없이 마음의 평정과 비폭력 상태를 유지한 부처의 명성을 들었다. 그는 이 신성한 인물을 시험해 보기로 했다. 그는 먼 거리를 여행해 부처 앞에 나타났다. 3일

• • **마틴 루터 킹**(1929~1968) 침례교 목사로 시민의 권리를 위해 비폭력적인 행동으로 싸운 사람이다. 1968년 암살자의 총탄을 맞고 쓰러졌다.

동안 그는 부처에게 무례하고 밉살스럽게 굴었다. 부처가 말하고 행하는 모든 일에 시비를 걸고 잘못을 찾아냈다. 부처를 화나게 하려고 욕보이는 말을 하기도 했다. 그러나 부처는 머뭇거리지 않고 그때마다 사랑과 친절로 대응했다. 마침내 그 사람은 더 이상 그 짓을 계속할 수가 없었다. "제가 무례한 말만 골라서 하는데도 어떻게 평화롭고 따뜻할 수가 있습니까?" 그의 질문에 부처는 한 가지 질문으로 대답을 대신했다. "누가 너에게 선물을 주었는데 그가 선물을 받지 않는다면, 그 선물은 누구의 것이겠는가?" 그 남자는 대답을 얻은 것이다.

누군가 당신에게 분노나 적대감 같은 선물을 주었는데 당신이 그걸 받지 않으면, 그것은 여전히 준 사람의 소유인 것이다. 왜 당신에게 속하지 않은 것에 대해 당황하고 화를 내려 하는가?

이것이 마틴 루터 킹 목사가 우리에게 주는 메시지의 핵심이다. 당신이 비폭력적인 해결법을 선택하면, 먼저 자신에게 영향을 미친다. 당신은 나쁜 의미가 담긴 선물을 받아들이지 않게 되는 것이다. 또한 어떤 것들이 당신을 논쟁이나 다툼으로 끌어들이려 하면 당신은 그것들을 간단히 '통과' 해 버릴 것이다. 그런 것에 반대하는 당신의 기본적인 의지는 어느 누구도 바꿔 놓지 못할 것이며 영광과 은혜로 사용될 것이다. 내적으로 더욱 평화로워질수록 다른 사람의 적대감이나 불만에 영향을 덜 받게 된다.

킹 목사가 비폭력을 실천하는 사람들의 마음과 영혼에 일어나는 일들에 대해 말한다고 해서, 그가 시민권 운동이나 계급투쟁에 대해 배타적인 것은 아니었다. 평화로운 마음을 가질 수 있다면 우리는 더욱 용감해지고, 이전에는 몰랐던 힘을 얻게 될 것이라고 그는 말한다. 주위 사람들이 우리를 싸움에 끌어들이려고 할 때 평화의 의지를 가진다면, 그들이 제공한 '선물'을 받아들일지 고민하기도 전에 우리 자신과 색다른 대화를 하게 될 것이다. "나는 이것보다 평화를 선택할 거야." 이런 대화를 자신과 나누다 보면 자연스럽게 평화로운 반응을 보이게 된다.

내 아내 마셜린은 매우 평화롭고 사려 깊은 여인이다. 우리가 함께한 20여 년 동안 늘 그랬다. 초기에는 좀 시끄러운 논리로 그녀를 논쟁에 끌어들이려고 했다. 그러나 그녀는 그런 식의 밀고 당기기를 하지 않았다. 그녀는 말없이 행동으로 표현했다. "나는 당신과 싸우는 데 흥미 없어." 그러고는 그것을 평화로운 표정으로 보여 주었다. 그녀는 논쟁을 하려는 내 시도에 말려들지 않았다. 오래지 않아 나는 내 식대로 그녀를 밀어붙일 수 없다는 것을 깨달았다. 싸움에 흥미가 없는 사람과 싸우려는 것은 매우 어려운 일이다. 그녀는 행동으로 나를 바꾸려 애쓰지 않았다. 그녀는 비폭력적이고 평화롭게 대응했다.

킹 목사의 이 아름다운 글을 반복해 읽으면서 비폭력적인 인간이 되려는 목적이 다른 사람을 변화시키거나 세상을 개조하기 위한 것이 아님을 기억해야 한다. 당신의 목적은 신의 성스러운 창조물로서 대접받을 가치가 있다는 자존심을 되찾는 것이다. 갈등과 불편함을 동반하는 고통을 제거하자는 것이다. 그러면 별 다른 노력 없이 자존심과 평화의 힘을 발산하게 될 것이다. 당신의 모습만으로도 주변 사람들에게 영향을 주게 될 것이다.

부처와 예수는 마을에 나타나기만 해도 주위 사람들의 의식을 일깨웠다고 한다. 평화로운 위인 곁에 있으면 이것을 경험하게 될 것이다. 그들은 사랑의 페로몬을 발산해서 주변 사람들이 평화를 느끼고 스스로에게 확신을 갖도록 만드는 듯하다. "내가 얻을 수 있는 것이 무엇이든지 나는 평화롭고 비폭력적으로 행할 것이다."『기적의 과정』이라는 책에 있는 이 말을 실행하려고 마음만 먹는다면, 어떤 환경에서든 그 속의 에너지를 변화시킬 수 있다는 것이 내 경험이다.

나는 어쩔 수 없다고 여겨지는 상황에서 비폭력적 페로몬 에너지를 내보내 본 적이 여러 번 있다. 식료품 가게에서 부모들이 아이들을 학대하는 것을 볼 때, 나는 그 에너지의 장으로 들어가서 나의 평화로운 사랑 에너지로 그 장에 영향을 준다. 좀 미친 소리 같겠지만, 그것은 언제나 효과가 있다. 킹 목사는 이것을 웅변적으로 표현했다. "그것은 상대에게 도달해서 그의 양심을 흔들어 화해가 실현되게 한다."

아이들이 욕을 내뱉거나 논쟁을 하고 싶어할 때, 거기에 휘말리고 싶지 않다는 것을 온몸으로 보여 주어야 한다. 가족이나 다른 어른들과의 관계에서는, 먼저 마음과 영혼을 보여 주고 평화로운 상태에 있는 사람이 누군지 알게 해 주어야 한다. 고통스러운 상황에 놓일지라도 증오 또는 자비를 선택하는 것은 당신에게 달린 문제이다. 부처와 그의 선물에 대한 이야기를 기억하자. 킹 목사가 실천한 비폭력이 우리의 삶에 매일 적용되는 실례라는 것을 알아 두자.

✤ 비 폭 력 실 천 법 ✤

● ― 어떤 종류의 폭력이든 그보다 더 심한 폭력으로 반응하지 말고 자제하자. 우리의 정신적 스승들이 그랬듯이, 평화의 도구가 되겠다고 맹세하자.

● ― 매일 더 평화로운 자세를 갖도록 노력하자. 명상의 시간을 갖고, 요가를 하고, 시를 읽고, 홀로 산책을 하고, 아이들이나 동물들과 어울려 놀고, 사랑한다는 감정이나 사랑받는다는 감정을 느낄 만한 것은 뭐든 하자.

● ― 삶에 폭력이 끼어들지 않도록 특별히 노력하자. 적의나 원한 서린 미움을 자극하는 신문이나 뉴스 보도 등은 우리를 평화에서 멀어지게 만든다. 이런 원천들에 등을 돌려야 한다. 이런 뉴스를 들을 때마다 인간에 대한 비인간적인 행위만큼 많은 수천 가지의 친절한 행위가 있다는 것을 기억하자.

● ― 고대 중국의 속담을 기억하자. "현명한 자는 침묵한다. 재주 있는 자는 대화한다. 우매한 자는 논쟁한다."

머더 테레사

16 먼저 빗자루를 들라_실행

말을 줄여야 한다. 설교하는 곳은 사람을 만나는 곳이 아니
다. 그때 당신은 뭘 하려는가? 빗자루를 들고 누군가의 집
을 청소하라. 그것으로 충분하다.

사람들이 알았으면 하는 것을 가르치는 가장 효과적인 방법은,
말이 아닌 행동이다. 대화를 할 때 종종 마음에 들지 않는 부분을 서
로에게 늘어놓거나 욕설을 하고 분통터지는 일들을 이야기하면서
시간을 보내는 경우가 많다. 바라는 변화는 실현되지 않고, 당신은
여전히 부당한 대우를 받는다는 생각에 괴로울 것이다.

• • **머더 테레사(1910~1997)** 캘커타에서 역사와 지리를 가르친 교사이자 교장
이며 수녀였다. 가장 가난한 사람을 도우며 그들 가운데서 살라는 부름을 받고
수도원을 떠났다. 1950년에 그녀와 그녀를 돕는 사람들이 사랑의 선교 수녀회를
세웠다.

의사소통이 성공적인 관계의 열쇠라는 것은 어떤 면에서는 사실일 수도 있다. 그러나 종종 말을 많이 하면 할수록 결과는 더 나빠지는 것 같다.

머더 테레사는 캘커타의 거리에서 매일 일했던 작은 몸집의 영적 거인이다. 그녀는 그곳에서 "서글픈 속임수에 둘러싸여 있는 예수"라고 자신이 표현한 모습들을 접했다. 그래서 우리에게 간단한 충고의 말에 깊은 지혜를 담아 전달해 주고 있다. "말을 적게 하라." 우리는 행동을 더 많이 해야 한다. 행동으로 보장되지 않은 말들은 단순히 "설교하는 곳"이 될 뿐이다. 목적을 달성하려면 새롭고 효과적인 행동으로 "사람을 만나는 곳"을 만들 필요가 있다. "나는 들으면 잊어버린다. 보면 기억한다. 실제 해 보면 이해하게 된다."는 옛 경구는 어떻게 원하는 것을 배울지에 대해서만이 아니라 어떻게 원하는 대로 대우받을 것인지에 대해서도 시사해 준다. 다른 사람의 설명을 듣거나 다른 사람이 물속에 있는 것만 보고 수영을 배울 수는 없다. 수영을 배우기 위해서는 실제로 헤엄쳐 보아야 한다. 이 간단한 논리는 의사소통을 위한 수단으로 그저 끊임없이 말을 주고받는 바보짓에도 적용된다.

행동은 살아가면서 다른 사람과 의사소통을 할 수 있는 가장 효과적인 방법이다. 아내와 나는 늘 모든 생명체에게 친절하라고 아이들에게 말한다. 하지만 이 메시지를 가장 효과적으로 전달하는 방법은 우리가 행동으로 보여 주는 것이다. 이에 대한 예로, 마우이에 있었을 때 아내와 딸아이가 둥지에서 떨어진 작은 새를 발견했던 경우를 들 수 있다. 그날 아내는 중요한 집안 일이 많았는데도 작은 새를 신발 상자에 넣고 차를 네 시간이나 몰아 섬을 반 바퀴 돈 끝에 보호소로 갔다. 작은 새 때문에 그녀의 하루를 포기한 것이다. 아내는 작은 생명체에게 도움의 손길을 뻗쳤다. 그렇게 함으로써 그녀는 설교하는 곳보다 만나는 곳을 만들어 냈다. 우리 애들과 나는 그날 아내의 행동을 통해 모든 생명체에 대한 사랑을 보았다. 그리고 그 교훈은 그 주제에 대해 어떤 설교보다도 더 큰 영향을 주었다.

화제의 표면만 건드리는 말장난에 휩쓸려 들어간다는 생각이 들면 잠시 멈추고 머더 테레사의 제안에 담긴 위대한 지혜를 생각하자. 주장을 계속하는 대신 자신에게 "내가 여기서 할 수 있는 일이 뭐지?"라고 묻자. 만약 누군가가 무례한 말을 하면 당신의 입장을 최대한 표명하라. 그런 뒤에도 계속 무례하다면, 행동의 단계로 옮긴다. 아니면 머더 테레사가 묘사한 것처럼 '만나는 곳'으로 옮긴다. 그 장면에서 즉시 사라지는 것이다. 상대가 어른이라면, 당신의 진지한 마음을 전달할 수 있는 일은 뭐든지 한다. 최소한 일주일은 만나지 않는다. 술 취한 행동에 대해서는 유일한 소통 수단인 말을 더 많이 하게 되는데, 그렇게 하지 않도록 하라. 차라리 그 사람에게 어떤 도움이 필요한지 물어보라. 그렇지 않으면 더 이상 그의 삶과 아무런 관계도 아니게 될 것이다. 아이들의 경우, 예의와 질서의 기본 규칙을 깼을 때는 특권을 빼앗고 돌려주지 않는다. 분명 말을 하긴 해야겠지만 진정으로 도움이 되고 싶다면 빗자루를 들고 다른 사람의 집을 청소해야 한다.

테레사 수녀는 거칠거나 다듬어지지 않은 사람이 아니었다. 그녀는 불우한 사람들이 인간적 대접을 받도록 돕는 데 일생을 바쳤다. 그녀는 이것을 실현하는 방법은 자선의 중요성에 대해 사람들에게 말하는 것이 아니라, 실제로 그것을 행하는 것이라는 사실을 알았다. 당신이 옳지 않다고 느끼는 일들을 그냥 묵과하지 않으리라는 걸 행동으로 보여 주라. 그것은 잔인한 일이 아니다. 이것은 변화에 영향을 줄 유일한 방법일 수도 있다. 말은 중요하긴 해도 행동이 따르지 않으면 금방 잊혀지고 만다.

우리 모두는 문제를 놓고 끝없이 토의하면서 스스로 시달리는 듯하다. 문제를 연구하기 위해 위원회를 만들고, 어떤 일을 할 수 없는 온갖 이유를 말하기 위해 모임에 간다. 행동하는 사람은 위원회에 가담하거나 특별 보고를 듣는 일을 하지 않는다. 전에 읽은 리 아이아코카에 대한 글이 기억난다. 그는 변명을 참지 못하는 사람으로 알려져 있다. 그의 지도력은 두 개의 자동차 회사를 세계 최고의 수준에 올려놓았다. 그가 수십 년 동안 만들지 못한 컨버터블을 엔지니어에게 만들라고 하자 엔지니어는 왜 만들 수 없는지, 그리고 기술적인 문제가 무엇인지에 대해 계속해서 설명을 늘어 놓았다. 마침내 그는 분노해서 "차를 한 대 가져와서 그 빌어먹을 천장을 잘라 버려. 그리고 나에게 보여 줘."라고 명령했다.

행동하는 사람들, 삶을 다르게 살아가는 사람들, 우리가 존경하는 대부분의 사람들은 모두 "그렇게 큰 소리로 말하면 나는 당신이 말하는 것을 들을 수 없다."는 고대의 지혜를 깨달은 사람들이었다. 행동하는 사람이 되자. 그 과정에서 당신은 사전에 있는 모든 단어가 가져다 줄 수 있는 것보다 더 많은 것을 다른 사람들에게 가르쳐 주고, 당신의 인생에서 이루게 될 것이다.

✤ 대접받는 행동 ✤

● ─ 당신을 대접해 달라고 가르쳐 준 그 방법대로 당신이 대접받는 다는 것을 명심하자. 계속 냉대를 받고 있다면 자신의 행동 때문은 아닌지 자신에게 물어 보자.

● ─ 자신의 말이 더 이상 영향력이 없다는 걸 느낀다면, 결론에 이르기 위해 길고 지루한 이야기를 하고 있다면, 설교하는 곳에서 만나는 곳으로 위치를 옮기는 창조성을 발휘하자. 당신의 주장을 전달할 새로운 행동들을 기록해 보자. 언어 게임으로 다시 돌아가고 싶은 유혹이 있더라도 끝까지 이겨 내자.

● ─ 가족들, 특히 아이들에게 자기 철학에 따라 살고 있는 당신의 모습을 보여 주자. 아이들이 비판적인 태도를 보일지도 모르지만, 결국엔 당신의 행동을 보고 당신을 존경할 것이다.

노자
진정한 군주_리더십

단순하게 행동하기

참된 군주는 백성들이 그가 군주라는 것을 잘 느끼지 못하
는 자다. 백성들이 군주라는 것을 알고 존경하는 군주는 그
보다 못한 군주다.
백성들이 무서워하는 군주는 그보다 더 못한 군주다.
백성들이 경멸하는 군주는 그보다 훨씬 못한 군주다.

믿음을 주지 못하면 믿음을 얻지 못한다.

참된 군주는 일이 잘 되었을 때 법석 떨며 뽐내지 않으므로
백성들은 이렇게 말한다.
"그래, 우리가 해낸 거야."

• • **노자(BC 6세기)** 중국의 철학자로 『도덕경』을 썼다. 『도덕경』은 도교의 종
교적 실천을 위한 근본 원리가 되었다.

나는 관청을 손아귀에 쥐고 있다고 해서 자신을 '지도자'라고 칭하는 정치가들이 매우 많다는 사실에 자주 놀란다. 역사적으로 볼 때, 관청을 장악한 자가 변화를 주도하는 참된 지도자인 경우는 거의 없었다. 예를 들어, 르네상스를 주도한 리더들은 누구였던가? 관청을 장악한 자들인가? 유럽 대도시의 시장과 행정 부처의 책임자들과 통치자들인가? 절대 아니다.

자신들의 마음과 영혼으로 듣고, 그것을 표현해 낸 예술가와 작가와 음악가들이 리더였다. 그들은 그렇게 해서 사람들이 자기 안에서 공명하는 목소리를 발견하도록 이끌었다. 마침내 인간의 존엄성이 폭정을 이기고 승리했다는 사실을 온 세상이 새롭게 깨달아 그 목소리를 듣게 되었던 것이다. 참된 리더 중에 우리가 그의 지위로 호칭하는 관리는 거의 없다.

당신의 지위가 사람들에게 알려지면, 그 지위에 부끄럽지 않게 행동하려고 얼마나 애쓸지 생각해 보자. 당신은 어머니나 아버지라는 두려운 책임감이 따르는 지위를 가지고 있을지도 모른다. 아이는 당신을 가정의 리더로 보기 때문에 조언을 구한다. 그때 당신은 명예를 추구하는 대신 "나 스스로 해냈어."라고 아이가 말할 수 있게 도와야 한다. 지위가 당신을 리더로 만든다는 생각은 잘못된 것이다. 그것을 끊임없이 경계함으로써 리더십의 질을 높이려고 노력해야 한다. 진정한 리더는 지위 때문에 널리 알려지는 것이 아니다. 지위를 좋아하는 것은 자만이다!

자신이 리더로 있는 동안 다른 사람 또한 리더가 되도록 도우려면, 이기심을 이겨 내기 위해 부단히 노력해야 한다. 진정한 리더는 다른 사람으로부터 신뢰를 얻기 원한다. 이것은 으스대거나 아첨하거나 권력을 좋아하는 것과는 매우 다르다. 이런 것들이 리더가 되었다는 증표라고 주장하는 것은 이기심이다. 리더가 다른 사람에게 신뢰받기 위해서는 그들을 신뢰할 필요가 있다.

다른 사람에게 자기 방식을 주장하고 싶거나, 속도를 내라고 다그치고 싶을 때를 주의하라. 노자는 이런 태도를 가진 리더는 거의 영향력이 없으며, 가장 경멸당하는 리더라고 말한다. 당신은 "내 식대로 하지 않으면 벌을 주겠어."와 같은 말로 공포를 조장해서 사람들이 따르도록 하는 성향일지도 모른다. 노자는 공포심을 기본으로 하는 리더는 자질이 부족해서 사람을 진실하게 이끌 수 없다고 말한다. 또한 리더십의 동기가 존경이라면, 사람을 이끄는 데 아직 능숙하지 않은 것이라고 말한다. 이런 유형은 아마 "내가 원하는 대로 하면 그만 한 대가를 주겠다."고 말할 것이다. 진정한 리더는 거쳐야 할 과정을 건너뛰지 않으면서도 남이 거의 알아보기 힘든 방식으로 행동한다. 이런 리더는 사람들에게 신뢰감과 용기를 주며, 그들이 스스로 방법을 찾아 내면 축하해 준다.

입법자들이 우리에게 필요한 것들을 직접 말한다면 그들은 진정한 리더가 아니다. 우리를 위협해서 두려운 상황을 예상토록 만든다면 그들은 진정한 리더가 아니다. 그들의 리더십을 존경해서 행동하도록 만든다면, 그들은 진정한 리더가 아닌 것이다. 진정한 리더가 되려면 침묵하면서 시민들이 이렇게 말하는 것을 들어야 한다.

"예, 우리 스스로 이 엄청난 경제력을 이룬 거지요."라고.

이것은 당신에게도 마찬가지다. 자신의 삶에서나 다른 사람의 삶에서, 진정한 리더가 되기 위해서는 인정받을 필요가 있다는 생각을 거부하라. 언제나 신뢰감을 주면서 겸손하게 이끌라. 신뢰를 얻고 싶어하는 당신의 이기심에게 부드럽게 미소를 보내라. 그리고 다른 사람들이 "아, 그렇지요, 그거 우리 손으로 다 했지요."라고 말할 때 자신의 진정한 리더십에 말없이 감사하자. 노자의 지혜를 활용하기 위해 몇 가지를 제안한다.

✤ 성공적 리더십 ✤

● ― 행동하기 전에 멈춰 서서 스스로에게 물어보자. 지금 자신이 말하려는 것이 미움이나 두려움, 또는 존경을 만들어 내지는 않을지를.

● ― 가능한 한 조용하고 효과적인 방법으로 참된 리더가 되고 싶은 욕망에 따라 행동하자. 누군가가 뭘 잘하는지 찾아 내야 한다!

● ― 당신이 실패자라고 느끼게 하는 것은 당신의 자아라는 사실을 깨달으라. 신뢰를 얻지 못할 때 자신을 실패자로 보기보다는 오히려 리더로서 성공했다고 스스로에게 말하라. 그리고 그것이 성공적인 리더십으로 가는 길이라고 느긋하게 당신의 자아에게 일러 주어라.

마르쿠스 툴리우스 키케로
18 인간의 여섯 가지 실수_편견

인간의 여섯 가지 실수

****** 다른 사람을 짓밟아야 뭔가 얻을 수 있다는 환상.

****** 달라지거나 고칠 수 없는 것들을 걱정하는 경향.

****** 자신이 이룰 수 없다고 해서 그 일이 불가능하다는 주장.

****** 사소한 즐거움을 포기하지 않는 것.

****** 정신의 발전과 수양을 게을리 하고, 읽고 연구하는 버릇을 들이지 않는 것.

****** 자신이 하는 대로 다른 사람도 그렇게 믿고 그렇게 살라고 강요하는 것.

• • **마르쿠스 툴리우스 키케로(BC 106~BC 43)** 정치가이자 문인으로 로마의 가장 위대한 웅변가였으며 가장 논리 정연한 철학자였다. 로마 공화정 말기는 흔히 키케로의 시대라 불린다.

우리의 뛰어난 조상들이 2,000년도 훨씬 전에 우리가 지금 밟고 있는 이 흙을 밟고 다녔으며, 우리가 숨쉬는 것과 같은 공기를 마시고, 우리가 밤에 보는 것과 같은 별을 보았으며, 우리가 매일 보는 것과 같은 태양을 보고 두려워했으며, 우리와 동일한 것에 관심을 가지고서 말을 하고 글을 썼다는 사실은 실로 놀라운 것이다. 그들이 동료 시민들에게, 그리고 2,000년 뒤 같은 지구상에 우연히 나타나게 된 한 시민인 나에게 말하려고 했던 것들을 읽어 보면, 그 사람들과 나의 관계가 너무 놀라워 전율과 신비감마저 느끼게 된다.

키케로는 한때 로마의 아버지로 불렸다. 그는 뛰어난 웅변가였으며 법률가, 정치가, 작가, 시인, 비평가에다 철학자이기도 했다. 그는 예수가 태어나기 100년 전 사람으로 폼페이, 카이사르, 브루투스, 기타 수많은 역사적 인물들 간의 갈등, 그리고 고대 로마의 역사를 만든 수많은 사건에 깊이 개입했다. 그는 길고 화려한 정치 경력을 가졌을 뿐 아니라 권위 있는 작가로서 그 시대에 가장 영향력 있는 작품들을 남겼다. 하지만 그 시대에는 의견을 달리하는 사람은 친절한 대접을 받지 못했다. 그는 기원전 43년에 사형 당해, 손과 머리가 로마의 포룸(광장)에 있는 연단에 전시되었다.

가장 인상적인 논문 중 하나에서, 키케로는 고대 로마에서 그가 실제로 목격한 인간의 여섯 가지 실수를 규정했다. 2,000년 뒤에 나는 간단한 해설을 덧붙여 그것을 여기 다시 싣는다. 고색창연한 조상들로부터 우리는 여전히 배울 것이 있다. 그리고 키케로의 여섯 가지 실수에 대한 나의 확신 때문에 내 머리와 손이 우리나라의 연단에 전시되지는 않을 거라고 믿는다!

실수 1 _ 남을 짓밟아야 뭔가를 얻을 수 있다는 환상. 이것은 불행히도 오늘날까지 우리에게 횡행하는 문제이다. 많은 사람들이 다른 사람의 잘못을 찾아내야 자신이 중요한 위치로 올라갈 수 있다고 생각한다. 국제적으로 성공한 동기 유발 전문가가 텔레비전에서 인터뷰하는 것을 본 적이 있다. 그가 처음 한 말은 "나는 누구보다도 뛰어나다. 누구도 나와 같은 삶의 노하우를 제공할 수 없다. 격려 연설만 하는 자들의 말을 듣지 마라. 그들은 모두 저질이다."라는 것이었다. 나는 키케로의 '실수 1'을 생각하지 않을 수 없었다.

도시에서 가장 큰 건물을 소유하는 방법에는 두 가지가 있다. 첫 번째는 돌아다니면서 다른 사람들의 건물을 부수는 것이다. 그러나 이 방법은 결코 오래가지 못한다. 파괴된 건물의 소유자들이 파괴자를 괴롭히기 위해 쫓아올 것이기 때문이다. 두 번째는 자신의 건물을 갖기 위해 일하면서 그 건물이 점점 커지는 것을 지켜보는 것이다. 이것은 정치, 비즈니스, 그리고 개인의 삶에서도 마찬가지다.

실수 2 _ 달라지거나 고칠 수 없는 것들을 걱정하는 경향. 확실히 고대 사람들은 자신들이 통제할 수 없는 일들을 걱정하는 데 에너지를 소모했고, 그 후로 변한 것은 거의 없다. 내 스승 중 한 분이 그걸 매우 간결하게 일러 주었다. "먼저, 자네가 통제할 수 없는 일들을 걱정하는 건 이치에 맞지 않네. 왜냐하면 그것들을 통제할 수 없는데 걱정한다는 것이 말이 안 되기 때문이네. 두 번째로, 자네가 통제할 수 있는 일들을 걱정하는 것 또한 말이 안 되네. 왜냐하면 자네가 통제할 수 있는데 걱정하는 것은 말이 안 되기 때문이네." 걱정이라도 할 수 있는 일들은 어쨌든 이루어지게 되어 있다. 당신이 통제할 수 있든 없든, 어떤 일에 대해 걱정한다는 것은 큰 실수이다.

실수 3 _ 자신이 이룰 수 없다고 해서 그 일이 불가능하다는 주장. 많은 사람들이 아직도 이런 비관적인 생각에 시달리고 있다. 우리는 해결책을 알 수 없다는 이유만으로 어떤 일이 불가능하다는 결론을 너무 자주 내린다. 많은 사람들이 먼 은하계로의 여행이나 타임머신, 광속도 여행 등은 모두 불가능한 일이라고 여긴다. 하지만 그것은 단지 그들이 그런 개념을 이해할 수 없기 때문이다.

키케로와 같은 시대 사람들 중에서 몇 명이나 전화, 팩시밀리, 컴퓨터, 자동차, 비행기, 미사일, 전기, 상수도, 리모트 컨트롤, 달 표면 산책, 그리고 오늘날 우리가 당연하게 여기는 많은 것들을 예견할 수 있었을까. 훌륭한 구호가 하나 있다. "비관주의자가 되기에는 우리가 모르는 게 너무 많다!" 오늘날 우리가 그 개념을 이해할 수 없는 것들이 2,000년 뒤 여기 살고 있을 사람들에게는 현실로 받아들여질 수 있다.

실수 4 _ 사소한 즐거움을 포기하지 않는 것. 일생을 살아가면서 중요하지 않은 일에 집중하는 사람들이 대단히 많다. 우리는 귀중한 삶의 에너지를 다른 사람들이 자신에 대해 어떻게 생각할지에 대한 걱정, 겉모습에 대한 하찮은 관심, 혹은 입고 있는 옷의 상표 같은 것에 써 버린다. 가족이나 동료들과의 사소한 다툼에 대해 고민하느라 삶을 소모하기도 한다. 그리고 겉만 우아하게 치장된 이야기들로 대화를 채운다. 자만심과 더불어 이기심은 우리 삶을 움직여 간다.

우리는 지구상에 굶주리는 사람들이 있다는 것을 알고 있다. 그런데도 식당에서 5분을 더 기다리는 것을 참을 수 없어 하고, 그 음식의 절반은 쓰레기로 버려진다. 수천 정의 총과 살인자의 손에 불구가 되거나 죽어 가는 어린이들의 이야기를 들으면서도 우리는 자신이 할 수 있는 일은 아무것도 없다고 체념한다. 개인의 생활 속에서는 이런 큰 문제에 대해 변화를 이끌어 내는 게 불가능하다고 믿는 사람들이 너무 많다. 그래서 우리는 이기심이 뒷받침된 사소한 것들을 좇는 게임에 몰입한다.

실수 5_ 정신의 발전과 수양을 게을리 하고, 읽고 연구하는 버릇을 들이지 않는 것. 우리는 정규 교육을 마치면 정신의 발전도 완성된 것처럼 여긴다. 시험을 보기 위해서, 또는 졸업증서나 학위라는 형태의 메달을 얻겠다는 목적으로 읽고 연구하는 것을 신조로 삼는다. 일단 자격증을 손에 넣게 되면 연구하고 정신을 수양하는 필요성이 끝나 버린다. 키케로는 로마 시민들 사이에서 이런 경향을 본 게 틀림없다. 그래서 그것이 제국의 멸망에 대한 서곡이 될 수 있다는 것을 경고한 게 틀림없다. 멸망은 현실이 되고 말았다.

시험을 보기 위해서가 아니라 마음의 양식을 위해 문학과 정신적인 글쓰기에 빠져들면 우리의 삶은 엄청나게 풍요로워 진다. 매일 독서하고 연구하면 모든 방면에서 인생의 경험이 더 깊어지고 풍부해지는 것을 알게 될 것이다. 과제가 아니라 자신의 선택으로 그것을 하면 대단히 유쾌해진다.

실수 6 _ 자신이 하는 대로 다른 사람도 그렇게 믿고 그렇게 살라고 강요하는 것. 확실히 우리는 이 여섯 번째 실수를 저지르고 있다. 우리는 우리가 해야 할 것과 살아가야 할 방법에 대해 자신들의 관점을 강요하는 사람들에 의해서 너무 자주 희생을 당한다. 그 결과 긴장과 원한이 높아지고, 누구도 어떻게 살아야 하며 뭘 해야 하는지 말하고 싶어하지 않는다. 제 역할을 제대로 다 하는 사람들의 특징 중 하나는 다른 사람들을 통제하는 것에 전혀 욕심이 없거나 애쓰지 않는다는 사실이다. 이 진리를 상기할 필요가 있다. 그리고 『캉디드』의 마지막 줄에 있는 볼테르의 조언에 귀 기울일 필요가 있다. "자신의 정원을 가꾸는 법을 배워라."

다른 사람은 양배추 가꾸기를 원하고 당신은 옥수수 기르기를 선택했다면, 그렇게 하라. 그러나 우리는 다른 사람의 삶을 들여다보고서, 그들도 우리와 같은 식으로 믿고 행동해야 한다고 주장하려 한다. 한 울타리 안에 있는 다른 구성원들에게 자신의 의지를 투사하려는 것이 가족들이 범하는 일반적인 실수다. 이것은 모든 사람에게 가장 좋은 결정을 내려 준다고 하는 정부 관리들의 일반적인 실수이기도 하다. 키케로의 여섯 가지 실수를 인생에서 반복하고 싶지 않다면, 다음 여섯 가지 제안을 심사숙고하라.

✚ 여섯 가지 제안 ✚

● — 자신의 생활을 주의 깊게 살펴보고 그것을 어떻게 개선할지 관심을 기울이자. 말로 다른 사람을 제압하려는 버릇이 있다면, 그걸 깨닫는 즉시 버려야 한다. 다른 사람의 건물을 헐어 버렸다는 것을 깊이 자각하면 할수록, 자신의 건물을 크게 짓는 쪽으로 더 빨리 방향을 바꿔 가게 될 것이다.

● — 걱정이 생기면 스스로에게 물어보자. "이 일에 대해 내가 할 수 있는 것은 무엇일까?" 그 일을 자신이 통제할 수 없다면 그대로 내버려 두어야 한다. 자신이 할 수 있는 것이 있다면, 기어를 변속하여 그 전술을 구사하라. 이 두 방법이 걱정하는 버릇에서 자신을 구해 줄 것이다.

● — 풀 수 없다고 생각되는 문제와 직면할 때마다 적절한 응답을 기다려라. 그래도 해결책을 찾을 수 없다면, 할 수 있는 사람을 찾는 일부터 시작하자. 그 일이 가능하다는 관점에서 해답을 찾을 수 있는 사람은 언제나 있게 마련이다. 자신이 쓰는 어휘에서 '불가능'이란 단

어를 완전히 제거하자.

● — 우리 모두가 직면한 의미 있는 문제들을 놓고 그 해결책을 고민해 보라. 이런 더 큰 과업을 위해 방종한 행동을 버려야 한다. 그럼으로써 사회에 영향을 미칠 수 있다는 사실을 잊지 말자.

● — 날마다 정신적인 주제에 대해 쓴 책을 읽거나, 운전을 할 때처럼 남는 시간에 테이프를 들을 기회를 마련하자. 정신 수양을 주제로 한 자기 계발 세미나나 강좌가 열리면 참석하는 버릇을 들이자.

● — 자신의 정원을 가꾸자. 그리고 다른 사람들은 정원을 어떻게 가꾸는지 조사하고 판단하려는 성향을 없애자. 다른 사람들의 생활 방식에 대해 험담하지 말고 남들도 꼭 이렇게 살아야 한다는 식의 생각을 버려야 한다. 남들이 지금처럼 살거나 생각할 권리가 없다는 생각도 버려야 한다.

부처
그것을 믿지 말라_고정관념

들은 것을 믿지 말라.

수많은 세대를 거쳐 전해 내려왔다는 이유만으로, 전통을
믿지 말라.

여러 번 말해진 것은 아무것도 믿지 말라.

문자로 씌어진 말들은 낡은 현자들에게서 나온 것들이니
믿지 말라.

추측한 것을 믿지 말라.

권력자와 교사들과 연장자들을 믿지 말라.

그러나 조심스럽게 관찰하고 분석한 다음 그것이 합당하
면, 그리고 한 사람과 모든 사람에게 이익이 될 것 같으면,
그때 그것을 받아들이고 그에 따라 살아가라.

• • 부처(BC 563~BC 483) 불교의 창시자로, 인도 북동 지방에서 고타마 싯다
르타 왕자로 태어났다. 불행한 사람들, 병든 사람들, 최고 부자에 권력자이면서
도 죽을 수밖에 없는 사람들을 보고서 스물아홉 살에 더 높은 진리를 찾기 위해
왕자로서의 삶을 버렸다.

부처라는 이름은 '깨달은 자' 또는 '진리를 아는 자'라는 말로 번역되는 하나의 호칭이다. 이 호칭은 스물아홉 살에 왕자의 삶을 버리고 종교적 깨달음과 인간의 조건에서 해방되는 법을 찾아 구도의 길로 들어선 고타마 싯다르타에게 주어졌다. 그는 당시의 가르침들을 버리고 명상을 통해 깨달음, 또는 궁극적인 앎을 얻었다. 그때부터 스승의 역할을 맡아 자신을 따르는 사람들을 '다르마', 즉 진리에 입각해서 가르치기 시작했다.

그의 가르침은 불교라는 종교 수행의 기초가 되었다. 불교는 동양의 정신적, 문화적, 사회적 측면에서 중요한 역할을 해 왔으며, 서양에도 많은 영향을 끼쳤다. 나는 여기서 불교도들이 주장하는 교리에 대해서는 쓰지 않겠다. 그보다는 자주 인용되는 붓다의 말을 통해, '깨달음을 얻은 자'가 죽은 지 2,500년이나 지난 오늘날, 당신과 나에게 그것이 어떤 의미를 주는지 살펴보고자 한다.

위의 인용문에서 중심 단어는 '믿다'이지만, 사실 중심 구절은 '믿지 마라'이다. 당신이 믿음이라고 부르는 모든 것들이 당신 자신의 믿음이 되는 것은, 대개 다른 사람들의 경험과 증언 때문이다. 만약 믿음이 당신 외부의 출처에서 나와 당신에게 왔다면, 그 전제 과정이 아무리 설득력 있다 해도, 그리고 그것을 믿게 한 사람이 아무리 많다 해도, 그것은 다른 사람의 진실이다. 이 말은, 당신이 물음표나 의심을 가지고 그것을 받아들여야 한다는 뜻이다.

만약에 내가 물고기 맛이 어떤지 사람들에게 납득시키려 하면, 아마 듣기는 하겠지만 여전히 의심을 가질 것이다. 만약 물고기 그림을 보여 주고 수백 명이 내 말의 진실성에 대해 증언하면, 아마 더 많은 사람이 납득하게 될 것이다. 하지만 직접 맛본 적이 없기 때문에 아직도 의심이 조금은 남아 있을 것이다. 나 때문에 맛있다는 사실을 받아들일지는 모르나 혀의 미각 돌기가 물고기 맛을 경험하기 전까지 당신의 진실은 내 진실, 내 경험에 기초를 둔 믿음일 뿐이다.

그 말을 들어 왔고, 오랫동안 계속되어온 전통이고, 여러 세기 동안 기록되어 왔고, 그리고 전 세계의 위대한 스승들이 확인했기 때문에, 그것을 하나의 믿음으로 받아들여야 할 이유는 여전히 없다. 기억하라, "그것을 믿지 말라."고 붓다가 가르쳤다는 것을.

'믿음' 이라는 단어보다는 '앎' 이라는 단어를 사용하도록 해보자. 물고기의 맛은 맛을 직접 경험했을 때 알게 된다. 즉, 의식적으로 경험을 하고 그에 의거해 진실을 결정할 수 있다는 말이다. 당신은 어떻게 수영을 하고 어떻게 자전거를 타는지 알고 있다. 그것은 믿음을 갖고 있기 때문이 아니라 직접 경험했기 때문이다.

2,500년 전에 '깨달음을 얻은 사람' 이 당신의 정신적인 수행에 이와 같은 깨달음을 적용해 보라고 일러 주고 있다. 어떤 것을 안다는 것과 어떤 것에 관해 안다는 것은 기본적으로 차이가 있다. '무엇에 관해 안다' 는 것은 믿음의 다른 말이다. '무엇을 안다' 는 것은 직접적인 경험에 한해 사용하는 용어다. 그것은 의심의 여지가 없다는 걸 의미한다. 전에 내가 한 유명한 카후나(Kahuna : 하와이의 주술사 — 역주)에게 어떻게 훌륭한 치료사가 될 수 있느냐고 물었을 때, 그는 이렇게 대답했다. "병이 진행되는 과정에서 앎이 믿음과 부딪히

게 되면 언제나 앎이 승리한다. 의심을 완전히 버리고 알기 위해서 카후나가 생겨난 것이다."

위대한 치료사로서 예수에 대한 일화를 생각해 보면 의심이 전혀 들지 않는다. 예수는 나환자에게 다가갔을 때, "최근까지 나병을 고칠 수 있는 치료 방법은 없었다. 그러나 내 조언을 따르면 향후 5년간 생존할 기회가 30퍼센트는 될 것이다."라고 말하지 않았다. 만약 그렇게 했다면 어떤 의심이 생겨났을지 불 보듯 뻔하다. 분명 예수는 상황을 완벽하게 알고 있기 때문에 "너는 나았다."고 말했다. 이것은 이미 알고서 의식적으로 행동한 것이다. 프란체스코 성인도 그런 상황에서 기적적인 치료를 행했다. 사실 모든 기적이란 의심에서 벗어나 앎으로 들어가는 데서 생긴다.

하지만 문화가 가지는 영향력은 엄청나게 강하다. 우리는 무엇을 믿고, 무엇을 믿지 말아야 할지, 그리고 우리 사회의 구성원 모두가 믿어 왔던 것을 믿어야 할지, 만약 이런 믿음들을 모른 체하면 무슨 일이 일어날지 끊임없이 되새기도록 강요당하고 있다. 두려움은 끊임없이 믿음의 동반자로 등장한다. 그리고 내부에서 의심이 이는데도 우리는 종종 이런 믿음을 받아들여 살아가는 데 지팡이로 삼는다. 그동안 인생의 하루하루가 절름거리면서 지나간다. 우리 이전의 여러 세대에 걸쳐 신봉자들이 조심스럽게 설치해 놓은 덫에서 빠져나갈 길을 찾으며.

부처는 위대한 조언을 해 주고 있다. 그런데 그의 결론에는 '믿는다'라는 단어가 없다. 부처는 이렇게 말한다. 그게 이성과 부합하면, 즉 자신의 관찰과 경험에 기초해서 그것이 진실이라는 것을 알았다면, 그리고 한 사람뿐 아니라 모두에게 이익이 된다면, 정말 그렇다면 그에 따라 살아라!

나는 이 책을 통해 역사상 가장 유명하고 창조적인 천재적 마인드를 지닌 자들이 말하는 요점을 제시하고자 한다. 그들은 우리와는 다른 시대에서 우리에게 조언하고 있다. 그리고 나는 수많은 세대에 걸쳐 전해 내려와 지금 우리에게 다가오는 그 조언들을 실행해 보라고 권하고 있는 것이다. 이 조언을 당신의 논리와 상식에 어떻게 적용할 것인지 스스로에게 물어 보라. 그리고 자신과 다른 이들에게 이익이 된다면 그것에 따라 살아 보자. 그렇게 하는 것이 그 조언들을 당신의 앎으로 만드는 것이다.

당신이 문화적 영향력을 거부한다는 것은 다른 사람들, 특히 당신을 아끼는 사람들의 경험과 가르침에 무심하고 냉담한 것으로 비쳐질지 모른다. 만약 그렇다면 부처의 이 말을 반복해서 읽어 보기를 권한다. 그는 거부하라고 말하지 않았다. 다른 사람의 경험과 증언을 통해 사는 것보다는 자신의 마음을 완전하게 만들 수 있을 만큼 충분히, 자신의 앎에 의거해 살 수 있을 만큼 충분히 성장하고 성숙해지라고 말했을 뿐이다.

다른 사람의 노력을 통해서 배울 수 있는 것은 아무것도 없다. 만약 당신이 그들의 얘기를 당신의 앎에 근거해 활용하지 않는다면, 세상에서 가장 위대한 스승일지라도 절대 아무것도 가르쳐 줄 수 없다. 그 위대한 스승들은 단지 인생의 메뉴에서 당신이 선택할 수 있도록 제안할 뿐이다. 그들은 메뉴를 깊이 있고 호소력 있게 들려줄 수 있다. 궁극적으로 그 메뉴에서 앎에 바탕을 둔 가르침의 항목들을 고르도록 도와줄 수 있을 것이다. 그들은 메뉴를 직접 쓸 수도 있다. 그러나 그 메뉴들이 결코 음식이 될 수는 없다.

✤ 믿는 것의 진실 ✤

● ─ 당신이 믿는 것들의 목록을 최대한 많이 만들어 보자. 종교, 사형, 소수의 권리, 윤회, 젊은 사람, 늙은 사람, 전통에서 벗어난 의약품, 죽음에 임박해서 일어나는 일, 문화적 편견, 기적을 행사할 수 있는 능력 등에 대한 당신의 태도 같은 것들을 다 포함시켜 보자.

● ─ 이 목록 중 당신이 견지하는 믿음들이 삶의 경험에서 생겨난 것은 얼마나 되며, 다른 사람에게서 주워 들은 것은 얼마나 되는지 솔직히 생각해 보자. 당신이 경험한 일들을 진실하다고 여기고 그 경험들을 받아들이도록 노력해 보자.

● ─ 익숙한 믿음들과 정반대되는 믿음의 체계와 접촉해 보자. 다른 사람의 신발을 신고 걷는 것 같은 경험을 해 보는 것이다. 이런 '상반되는' 경험을 많이 해 볼수록, 자신이 지닌 진실에 대해 더 많이 알게 될 것이다.

● ─ 악의는 없지만 다른 사람이 억지로 강요한 생각들이 있다. 다시 말해, 자신이 믿지 않는 일이나 자신에게 적용할 수 없는 일에 에너지를 낭비하지 말자!

20

윌리엄 블레이크

독 있는 나무를 베어내라_교감

독 있 는 나 무

나는 친구에게 화가 났었네.
화가 났다고 말했더니 화가 풀렸네.
나는 원수에게 화가 났었네.
그렇다고 말하지 않았더니 화가 커졌네.

나는 두려움 속에서 그것에 물을 주었네.
밤이나 아침이나 나의 눈물로.
그것에 햇볕을 쪼여 주었네,
미소와 부드러운 속임수로.

그랬더니 그것은 낮이나 밤이나 자라나
마침내 빛나는 사과 한 개 달렸네.
나의 원수는 그것의 광채를 보았네.
그는 그것이 나의 것임을 알고

밤이 하늘을 가렸을 때.
나의 뜰로 숨어들어 왔네.
아침에 나는 기쁘게 보네.
나의 원수가 나무 밑에 뻗어 있는 것을.

윌리엄 블레이크는 내가 흠모하는 이상적인 인물 중 하나다. 생전에 그는 완벽한 시인이자 화가, 예술가였으며, 환상을 보는 신비주의자였다. 이 신비주의자는 당시 대부분의 사람들에게 무시당했고 미친 사람 취급을 받았다. 그는 평생을 가난 속에서 살았으며 무관심 속에서 죽었다. 하지만 오늘날 그는 문학사에서 매우 독창적이며 위대한 인물로 인정받고 있다. 그리고 그의 독창적인 판화는 수백만 달러에 달하는 귀한 보물이 되었다.

나는 그의 서사시에 탐닉했으며, 평생 그의 글을 광범위하게 인용했다. 그가 쓴 글 중에서 어떤 글을 이 책에 포함시킬까 결정하는 일은 상당한 도전이었다. 가장 유명한 글은 1803년에 쓴 「순수의 비유(무구의 노래)」 시작 부분 몇 줄이다. "모래알 속에서 세계를 본

• • **윌리엄 블레이크**(1757~1827) 영국의 시인이자 판화가, 화가, 신비주의자. 그의 시는 신비주의와 복잡한 상징주의로 유명하다.

다는 것, 야생화에서 천국을 본다는 것은 손바닥 안에 있는 무한함과 한 시간 안에 들어 있는 영원을 붙잡는 것이다." 이 구절은 신 혹은 무한의 존재, 우리 상상력의 가치, 그리고 하나로서의 우주에 대해 블레이크가 온 정신을 집중했다는 사실을 말해 준다. 이 주제에 관해서는 이 책 어딘가에 쓴 적이 있기 때문에 이 '미친 천재'가 당신과 나에게 제시하는 다른 주제를 골랐다. 그것은 200여 년 전 그의 펜에서 창조되어 나온 것으로, 프랑스 혁명의 와중에 쓴 「독 있는 나무」이다. 프랑스 혁명은 블레이크가 이 작품을 쓰던 곳 가까이에서 일어났다.

「독 있는 나무」는 의사소통을 통해 서로 사랑하는 관계를 유지하라는 매우 기본적인 메시지를 전한다. "나는 친구에게 화가 났었네. 화가 났다고 말했더니 화가 풀렸네." 이렇게 간단한 방법으로 심오한 진리를 표현하고 있다. 사랑하는 사람에 대한 느낌을 표현할 상식이나 용기를 가지고 있다면, 분노는 마술처럼 사라진다.

과거에 나는 분노를 느낄 때면 자주 침묵하는 경향이 있었다. 그 때문에 마음을 졸였으며, 분노를 느끼는 상대와 계속해서 이야기를 주고받는 상상에 빠지곤 했다. 내가 사랑하는 사람이나 친구를 얼어붙게 만드는 이런 자세를 취하는 한, 분노는 계속된다. 하지만 마침내 분노를 드러내고 감정을 확실히 표현하여 서로 의견을 나눌 수 있게 되면 신기하게도 분노는 순식간에 마술처럼 가라앉는다. "나는 원수에게 화가 났었네. 그렇다고 말하지 않았더니 나의 화가 커졌네." 이것은 내가 배웠던 바로 그 교훈이다. 그리고 나는 날마다 그 교훈이 여전히 효과가 있음을 인정한다.

과거에 나는 가장 사랑하는 사람들 중에서 적을 만들었다. 그들을 적으로 만드는 순간, 내 안에 분노를 갖게 된다. 혼자만이 은밀히 관여하고 있는, 믿을 수 없을 만큼 복잡한 시나리오를 만들면서 나 자신과 지적 게임을 하는 셈이다. 분노를 간직하고 있으면서도 표현하지 않는 나의 이런 경향은 블레이크가 독 있는 나무라고 부르는 것을 만들었다. 내 눈물로 그것에 물을 주고 거짓 웃음을 햇볕처럼 쏘여 주었다. 결과는? 그것은 계속 자라서 열매를 맺었다. 그 열매는 확실히 독이었다. 독이 너무 많아서 결국은 내가 적이라고 꼬리표를 붙여 준 사람들을 파괴할 것이었다. 그들이 거기 "나무 아래 길게 뻗어" 있었다.

이 시가 전하는 메시지는 매우 심오하다. 이것은 개인적 관계에만 적용되는 것이 아니라 살아가면서 만나는 모든 사람들을 다루는 일에도 적용된다. 당신의 마음속에 타오르던 불꽃이 꺼지고, 분노가 커지고 있다고 느낄 때 우리는 장차 늪이 될지도 모르는 곳으로 향한다. 그곳에서 빠져나오는 길은 걸음을 멈추고서 그 사람을 적이 아닌 친구로 만드는 것이다. 그 사람에게 말하자. "당신은 지금 나를 교묘히 조종하려는 것 같은데, 이제 그만두는 편이 좋겠어." 이런 식으로 솔직하게 말하면 분노가 한쪽으로 밀려나서, 결국 당신이나 적이 될 누군가를 파괴하게 될 그 독 있는 나무가 자라는 것을 막을 것이다.

마찬가지로 가까운 가족 관계에서도, 분노를 느끼게 되면 말을 함부로 내뱉거나 목소리를 높이지 말고 용기를 내어 당신의 심정을 표현해 보자. 말없이 대응하면 화가 가라앉지 않는다는 것을 나는 우리 애들을 보고 알았다. 아이와 나는 둘 다 마음속에 각자의 독 있는 나무를 키우고 있었기 때문에 서로를 적으로 만들면서 관계가 점점 악화되어 갔다. 둘이 마주 앉아 내가 어떻게 느끼는지를 말하고, 내가 무엇 때문에 실망했는지를 말하면 열린 토론에 이르게 되고, 서로 껴안으면서 "아빠, 나도 아빠를 사랑해."라고 끝맺게 된다. 놀랍게도 '내가 분노하는 이유를 말하는 순간' 내 분노는 끝나 버렸다. 만약 당신이 지금보다 더 행복한 관계를 맺고 싶다면, 이 말을 꼭 기억해 두라.

이 방법은 갈등 관계에 있는 두 사람이 협력 관계를 이루는 데 반드시 필요하다. 만약 두 사람이 모든 면에서 일치한다면, 둘 중 하나는 필요가 없을지도 모른다. 영혼의 친구는 서로 너무 닮지 않은 경우가 많다. 오히려 단추만 하나 눌러 당신을 미치게 만들 수 있는 사람이 영혼의 친구다. 그 사람은 바로 이런 힘 때문에 영혼의 친구인 것이다. 당신이 화가 나 있다는 걸 깨닫는 순간에는, 화나게 만든 사람이 가장 위대한 스승이다. 그 사람은 당신이 자신을 아직 억제하지 못한다는 것을, 그리고 당신이 평화를 선택하는 방법을 모르고 있다는 것을 가르쳐 준다.

평화로 가는 방법은 당신의 친구, 연인, 자녀, 부모 또는 장모나 시어머니에게 당신이 어떤 감정을 느끼는지를 정확히 말하는 것이다. 그들에게 분노를 느꼈다면, 초연하고 정직한 자세로 사실을 말하자. 그리고 분노가 어떻게 사라지는지 지켜보자. 이렇게 하면 독 있는 나무를 키워 낼 가능성이 완전히 사라질 것이다.

특히 서로 의견이 일치하지 않는 부분에 대해 있는 그대로 정직하게 말할수록 그 부분들이 덜 불쾌하게 느껴질 것이다. 묘목에 싹이 나서 마침내 독 있는 나무로 크는 것은 불쾌하게 느끼는 시간 속에서 일어난다.

✤ 소통하기 ✤

● — 당신이 냉담한 분위기에 빠져 있다면 병따개로 침묵의 뚜껑을 열어 버리자. "이것저것 따지지 말고 바로 지금 우리가 어떻게 느끼고 있는지 얘기해 볼래요?"라고 말하자.

● — "내가 느끼기에는……"이라는 말을 내세워 당신이 어떻게 느끼는지를 직접적으로 말하자. 그리고 그 순간 상대에게 이걸 강조하자. 당신이 느끼고 있는 방식에 대해 애정을 보여 달라고. 자신만의 느낌을 함께 나눌 만한 친구가 있다면 느낌을 공유해 보자. 여기서 얘기하는 것은 풀어야 할 문제 자체가 아니라 느낌의 소통이다. 그리고 그 문제에 대해 방어적인 자세를 버리고, 애정을 가지고 다른 사람의 느낌을 경청하자. 느낌과 친구가 되자.

● — 침묵하는 시간을 스스로 제한하자. 한 시간 정도로 시간을 정한 다음, 준비가 되었다고 생각하는 순간, 의사소통의 라인을 열자. 자신을 숨막히게 하기보다는 의사소통을 하는 것이 분노를 가라앉힌다는 걸 알게 될 것이다.

● — 분노를 끌어안은 채 잠자리에 드는 짓은 절대 하지 말자. 이것은 독 있는 나무를 키워 더 울창하게 만든다. 잠들기 전에, 그냥 자신의 감정을 말하고 애정 표현을 위해 노력하자. 그것 때문에 체면을 잃고 자존심을 죽이게 될지라도.

3부

세상을 사는 지혜
Wisdom of the Ages

21

레오나르도 다 빈치

열심히 일한 자 떠나라_일과 휴식

때때로 먼 곳으로 떠나,
긴장을 풀고 충분히 쉬어라.
다시 일로 돌아왔을 때
판단력이 더 명확해질 것이니.
일에 끊임없이 매달려 있으면
판단력을 잃기 때문이다.

먼 곳으로 떠나라.
일이 더 작아 보이고
더 많은 부분이 한눈에 들어오고
조화를 이루지 못하고 있거나
균형을 이루지 못한 것이
더 쉽사리 눈에 띄기 때문이다.

• •레오나르도 다 빈치(1452~1519) 이탈리아의 화가이자 조각가, 건축가, 음
악가, 엔지니어, 수학자이자 과학자로 역사상 가장 위대한 지성인 중 한 명.

레오나르도 다 빈치 같은 사람이 충고를 한다면 적어도 나는 기꺼이 귀를 기울이겠다. 많은 역사가들은 그를 역사상 가장 탐구심이 강한 사람이라고 한다. 정말 맞는 말이다! 그의 업적은 막대하며, 암흑시대에서 인간을 끌어낸 르네상스의 문을 연 사람이다.

레오나르도는 어디서든지 눈에 띄는 것은 다 신비스러워했고, 그것들을 이해하기 위해 깊이 파고들었다. 그는 땅, 하늘, 그리고 천국을 연구했다. 별들의 움직임을 기록했으며, 최초의 비행기가 만들어지기 400년 전에 날아다니는 기계의 설계도를 그렸다. 그는 자연과 인간성을 본격적으로 연구하기 시작한 건축가이자 완벽한 화가였다. 그가 그린 초상화는 그 이전이나 이후의 것들보다도 훨씬 솜씨가 좋았다. 그는 주제의 핵심을 빠뜨리지 않고 포착해서 사실성을 구현했다. 수많은 책들이 그의 그림 〈최후의 만찬〉의 장엄함에 대해 저술했다. 어떤 주제도 레오나르도의 질문을 피할 수 없었다. 그리고 위에 언급한 짧은 충고에서 그는 창조적인 재능을 드러내기 위한 방법을 제안했다.

레오나르도 다 빈치가 평생 동안 완성한 작품의 양만 생각해봐도, 일 중독자의 모습을 떠올릴 수 있을 것이다. 깨어 있는 동안에는 언제나 그림을 그리고, 조각하고, 발명하는 일밖에 하지 않았던 A형 인간 말이다. 하지만 그의 충고는 그런 모습과는 정반대이다. 이 독창적인 르네상스 인간은 좀더 효율적이고 생산적이기 위해서는 반복되는 일상에서 탈출해 먼 곳으로 떠나라고 충고한다.

생산성이 높은 사람들은 생활 속에서 대단히 뛰어난 균형감각

을 지닌 듯하다. 그들은 발걸음을 늦추고 뒤로 물러나 현재의 걱정
거리들을 언제 머리에서 깨끗이 씻어낼지를 아주 잘 알고 있다. 여
기서 핵심 단어는 '균형'이다. 어떤 일 때문에 소모적인 것을 피하
려면 그 일에서 멀리 떨어져 걸을 수 있어야 한다. 그렇게 떨어져 걷
는 과정에서 자신의 일, 가족, 혹은 계획을 레오나르도가 말하는 '더
작게 보이는' 관점으로 볼 수 있다.

　붙박인 장소에서 출발한 다음 돌아다보면 그 장소가 정말로 더
작아 보인다. 멀리서는 한번 슬쩍 보는 것만으로 자신이 떠난 곳에
대해 더 많은 것을 얻어낼 수 있다. 그리하여 약점이나 결점이 하나
라도 있으면 금방 찾아낸다. 레오나르도는 예술가로서 그것을 말하
고 있는지 모르지만, 그 충고는 직업과 상관없이 당신에게도 적용해
볼 수 있다.

　글을 쓰고 강연하는 일뿐 아니라 내가 하는 다른 모든 일에서
도 레오나르도의 충고는 딱 들어맞는다. 쓰고 있던 원고지를 모두
밀쳐 두고 며칠간 장거리 여행을 떠났다가 돌아오면 거의 마술처럼
모든 것이 더 확실하게 보인다. 일에서 손을 뗐을 때 통찰력이 생긴
다는 사실은 참 놀랍다. 통찰력은 우리가 결과에 초연해 있는 순간
에 머릿속으로 뛰어드는 듯하다. 위대한 르네상스의 스승은 먼 곳으
로 떠나 편히 쉬면서, 열심히 하려는 노력을 버리고, 갈등을 잊고, 우
리를 도와주는 신의 자연스러운 인도를 따르라고 말한다. 그는 "긴
장을 풀고 충분히 쉬어라. 다시 일로 돌아왔을 때, 판단력이 더 명확
해질 것이니."라고 했다. 요즘 세상에서 이렇게 할 수 있는 방법은

먼저 명상을 배워 보는 것이다. 명상을 통해 비즈니스 미팅을 지휘하고, 면접을 보러 가고, 강의를 하고, 초상화를 그리는 플랜을 만드는 것이다. 명상의 시간을 가지면 효율성이 엄청나게 증대할 것이다. 지난 10년 동안 나는 청중 앞에 서기 전에 혼자서 최소한 한 시간 정도 명상을 했다. 명상에서 깨어나면 두려움이 사라진 상태로 자신감 있게 무대 위에 오르거나 펜을 들 수 있다는 것을 경험했다. 나는 일을 하고 있는 나 자신을 관찰하는 입장이 된다. 그리고 모든 일은 흘러가는 것처럼 보인다. 마치 내 혀나 펜이 신의 손이 인도하는 대로 따라가는 것 같다.

자신과 일 사이에 일정한 거리를 유지하고, 그 공간에서 긴장을 푸는 과정에서 우리 행동에 신이 개입하게 되는 것이다. 자신에게 임무를 완수해야 한다는 스트레스를 적게 줄수록, 아이러니컬하게도 임무를 완수할 힘을 얻게 된다. 진행 중인 일의 결과에 초연할 때 결과는 스스로를 돌보게 되는 것이다. 이런 원칙을 일상 속에서 실제로 깨달아 보자.

예를 들어, 춤출 때 당신의 목적은 무대 위의 특정 장소에서 끝나는 것이 아니다. 댄스를 즐기는 것이 목적이다. 춤을 추다 끝낸 곳은 춤의 과정일 뿐이다. 마찬가지로 콘서트에서는 음악의 끝을 보는 것이 목적이 아니다. 콘서트의 순간순간을 즐기는 것이 목적이다. 바나나 먹는 것을 생각해 보자. 무엇이 목적인가? 한쪽 끝에서 출발해 다른 쪽 끝까지 도달하는 것? 아니면 한입 한입 즐기는 것? 긴장을 풀고 쉬면서 시간을 보내다 보면, 갈 길에 대해서는 자연스럽게 잊고 있다가 마지막 순간에 놀라운 결과를 보게 된다.

레오나르도 다 빈치는 무엇을 추구하건 생활 속에서 균형을 유지하라고 권한다. 무슨 수를 쓰든 하는 일에 집중해야 한다. 그러나 최종 결과보다는 있는 그대로 일을 즐기려고 노력하라. 만약 자신의 판단이 조화나 균형을 잃었다고 느껴지면 행동을 멈추고 몇 걸음 물러서라. 그렇게 하면 시야가 넓어지고, 오히려 더 왕성한 창조력을 갖게 된다.

✦ 긴장 풀기 ✦

● ─ 결과가 어떻게 될까 신경 쓰지 말고 일에서 몇 걸음 떨어져 보자. 일의 결과를 걱정하기보다는 그 행위에서 순수한 기쁨을 맛보기 위해 일을 즐기자.

● ─ 때때로 일에서 멀리 떨어져 아무것도 하지 말자. 시간의 구속, 마감 시간, 자명종도 없이. 자신을 그 상태로 두고 그게 얼마나 자유로운지를 살펴 보자. 이렇게 일과 거리를 유지하면, 일을 다시 시작했을 때 새로운 활기와 더 예리해진 판단력을 얻게 될 것이다.

● ─ 뭔가 막힌 느낌이 들 때, 나는 모든 것을 그냥 신에게 맡겨 버린다. "이 시점에서 뭘 해야 할지 모르겠습니다. 꽉 막혀 있는 것 같습니다. 저를 인도해서 이 문제를 풀 수 있게 해 주세요." 언제나 효과가 있는 방법이다.

● ─ 무수히 인내하면서 역사상 가장 위대한 업적을 쌓은 사람이 "때때로 먼 곳으로 떠나, 긴장을 풀고 충분히 쉬어라."고 충고한 것을 기억하자.

루이스 캐럴
공중제비를 넘는 노인_젊은 마음

아버지 윌리엄 (사우디를 사모하며)

"늙으셨군요, 아버지." 젊은이가 말했다.
"머리는 호호백발이 되셨구요. 그런데 아직도 물구나무 서
계시다니요. 그 연세에 괜찮으세요?"

"나 젊었을 적엔" 아버지 윌리엄이 아들에게 대답했다.
"그렇게 했다간 머리를 다칠까 무서웠었지. 지금은 조금도
해가 없다는 걸 안단다. 그러니 왜 안 하겠어, 하고 또 할
거야."

"늙으셨군요." 젊은이가 말했다.
"전에도 말씀드렸지만 살이 많이 찌셨어요. 그런데 문간에
서 뒤로 공중제비를 넘다니요. 왜 그러시는 거예요?"

"나 젊었을 적엔" 마음 어진 아버지가 회색 머리를 흔들며

말했다.
"내 팔다리는 매우 부드러웠지. 이 연고를 사용했단다. 하나에 1실링인데 두 개만 살래?"

"늙으셨군요." 젊은이가 말했다.
"그리고 턱이 너무 약해서 쇠기름 말고 다른 것은 드실 수 없어요. 그런데 뼈와 부리를 가진 거위를 전부 다 드시다니요. 아니, 어떻게 그걸 드셨어요?"

"나 젊었을 적엔" 아버지가 말했다.
"나는 법에 마음이 끌렸지. 그래서 아내와 송사 하나하나에 대해 토론했단다. 그것 때문에 턱에 근육이 생겼고 그 힘은 이후에도 줄곧 유지됐지."

"늙으셨군요." 젊은이가 말했다.
"뜻밖이네요. 눈이 예전과 한결같다는 것이. 그런데 뱀장어를 코끝에 세우셨네요. 어떻게 그리 영리해 지셨나요?"
"질문에 세 번이나 대답했으니 이제 충분하다." 아버지가 말했다.
"뽐내지 마! 그따위 얘길 하루 종일 들을 수는 없어.꺼져, 안 그러면 아래층으로 차 버릴 거야!"

찰스 도지슨은 수줍음 많은 영국 태생의 수학자이자 사진가요, 소설가였다. 그는 한쪽 귀가 멀었으며, 말더듬이였고, 평생 결혼하지 않고 혼자 살았다. 그는 어린이들에게 흠뻑 빠져서 그들에게 둘러싸여 있는 것을 좋아했다. 그는 어린이들에게 자연스럽고 쉽게 말할 수 있었으며, 이야기를 만들어서 들려주는 것을 즐겼다. 그는 어린 친구들과 함께 자주 소풍을 떠났다. 그리고 그 자리에서 상상력을 동원해 앨리스와 지하 세계의 모험 이야기를 만들어 냈다. 그는 『이상한 나라의 앨리스』를 출판한 지 25년쯤 뒤에 이렇게 회상했다. "어떻게든 새로운 이야기를 생각해 내려고 노력한 끝에, 뒷이야기에 대한 아무런 아이디어도 없이 여주인공을 토끼굴 속으로 내려보냈다."

여주인공 앨리스에 대한 흥미진진한 이야기는 계속 이어져 결국 『이상한 나라의 앨리스』라는 책이 되었다. 그리고 찰스 도지슨은 오늘날 가장 유명한 어린이책 저자 중 하나인 루이스 캐럴이라는 이름으로 알려지게 되었다. 여기에 인용한 글은 1862년, 찰스가 옥스퍼드에서 템스 강을 보트로 거슬러 올라가 강독 위로 소풍을 갔을 때, 동행한 어린이들에게 처음 들려 준 유명한 이야기에서 따온 것이다. 오늘날에는 이 이야기를 전 세계의 어린이들과 어른들이 읽고 있다.

• **루이스 캐럴(1832~1898)** 영국의 작가이자 수학자, 사진가. 『이상한 나라의 앨리스』와 『거울 나라의 앨리스』라는 작품으로 널리 알려져 있다.

「아버지 윌리엄」은 아들과 아버지의 대화를 유머러스한 필체로 묘사하고 있다. 여기서 아들은 아버지를 늙고 말라빠진 보잘것없는 사람으로 생각한다. 그에 대한 아버지 윌리엄의 대답은, 우리의 육체가 담고 있는 늙지 않은 영혼에 대해 두 가지 메시지를 던진다. 첫째, 우리는 늙었다고 믿기 때문에 늙은 것이고, 둘째, 우리는 뭐든 우리가 선택한 분야에서 전문가가 될 수 있다는 것이다. 아버지 윌리엄은 아들의 질문 하나하나에 자신의 젊은 날을 인용하면서 대답한다. 아들은 그 대답을 무시하고 아버지를 자꾸 비꼰다. 그는 물구나무서 있다. 보호해야 할 뇌가 있다는 젊은 날의 생각을 나이가 지워 버렸기 때문이다. 뚱뚱하지만 그는 뒤로 공중제비를 넘는다. 그리고 턱이 약하지만 뼈를 씹는다. 루이스 캐럴이 쓴 글의 묘미는 그 비꼬는 반어법과 엉뚱한 생각에 있다. 그는 우리에게 나이 먹는 것은 어쩔 수 없으며 젊은 세대들이 비웃고 오해하는 것은 예상된 것이지만, 우리가 살아가면서 어떻게 육체를 사용할 것인가는 늙는 것과 아무런 관련이 없다고 말한다.

그것은 내 몸 속에 나이 들고 노쇠한 사람이 들어가도록 절대 허용하지 않겠다는 의미이기도 하다. 계속해서 활기차게 살아갈 것이라고 결심하면, 아무리 어려운 일도 해내게 된다. 나이와 상관없이 말이다. 나는 이런 것들을 아버지 윌리엄의 대답에서 다시 깨닫는다. 나는 이 조언을 좋아해서 매일매일 따른다.

지난 20여 년 동안 나는 육체가 어떤 병을 겪게 되더라도 매일 밖에 나가 뛸 것이라고 내 몸에게 말해 왔다. 나는 내 몸에게 정기적으로 바닷가에서 수영을 하고, 일주일에 최소한 다섯 번은 테니스를 치라고 지시한다. 엘리베이터를 타기보다는 가능하면 계단으로 걸어 올라가라고 내 몸에게 말한다. 웬만하면 약속 장소로 갈 때 차를 타기보다 걸으라고 몸에게 자주 알려 준다. 나는 몸에게 윗몸 일으키기와 복부 근육 단련, 농구, 축구 등 아이들이 좋아하는 운동을 곁에서 함께 하라고 말한다. 그뿐만 아니라 젊은이들과 똑같은 엉뚱한 생각과 명랑한 풍자로, 그들이 하는 일들을 전혀 지치지 않고 똑같이 할 수 있다는 걸 보여 준다. 그들이 나를 놀리면, 아버지 윌리엄처럼 이렇게 말한다. "그따위 얘길 하루 종일 들을 수는 없어. 꺼져, 안 그러면 아래층으로 차 버릴 거야."

인생의 단계에 따른 자연적인 흐름에 맞춰 나이 먹은 태도를 취할 필요는 없다. 당신은 쉽게 굴복하고서, 자신을 노인으로 부를 수 있다. 그리고 자신이 붙인 그 딱지로 인해 가치 없고 병약하게 될 수도 있다. 아니면 아버지 윌리엄의 예를 택할 수도 있다. 몸이 거절한다면 이렇게 말하라. "내가 충분히 살다 가는 걸 넌 막을 수 없을 거야."

젊은 아들의 질문에 대한 아버지 윌리엄의 터무니없는 대답에서 내가 얻은 두 번째 메시지는 전문적인 한 영역에만 자신의 한계를 규정할 필요가 없다는 것이다. 당신은 지성인으로서 그리고 운동가로서 두 가지 모두에서 뛰어날 수 있다. 위대한 작가나 위대한 연설가는 있지만 두 분야에서 모두 뛰어나기는 어렵다고 한다. 작가란 내향적이고 단어와 종이로 의사소통을 하는 반면, 연설가란 사

람들과 직접 의사소통을 하는 외향적인 사람들이기 때문이라는 것
이다.

　아버지 윌리엄이 아들의 질문을 터무니없다고 생각한 것처럼
이것 역시 터무니없는 생각이다. 나는 그 둘을 다 선택했다. 그것은
클래식 음악을 들으면서 동시에 축구 경기를 볼 수 있는 것과 같다.
당신은 낭만적인 소설뿐만 아니라 시도 좋아할 수 있다. 실존주의
에 대한 그룹 토론을 즐기는 동시에 디즈니랜드의 가상 세계에서도
즐거움을 느낄 수 있다. 당신 자신을 알기 위해 칸막이 방에 들어가
야 할 필요는 없다. 당신의 타고난 관심사가 무엇인지 찾아내 적당
한 한두 가지 영역을 추구할 필요는 없다. 어떤 영역이든지 당신은
그 안에서 전문가 정도의 높은 수준에 이를 수 있다. 당신은 일차원
적 존재가 아니라 절충적인 존재다. 젊은이들이 당신의 능력은 고
갈되어 한계에 이르렀다고 말한다면, 그리고 당신에게 비꼬며 농담
을 하면 루이스 캐럴이 미친 듯한 상상력으로 만들어낸 다혈질의 인
물, 아버지 윌리엄을 기억하자. 물구나무서고, 코끝에 뱀장어를 세
우고, 젊은 비판자 앞에서 공중제비를 돌고, 그에게 "뽐내지 마
라…… 꺼져, 안 그러면 아래층으로 차 버릴 거야."라고 말했던 그
사람 말이다.

　이미 길들여졌다거나 선택되었다는 태도는 말 그대로 아래층
으로 차버리자.

✤ 몸에게 말 걸기 ✤

● ─ 몸에게 말을 걸자. 그리고 몸이 거부하더라도 억지로 더 활동적으로 움직이자. 침대에 포근히 묻혀 살아가는 데 몸이 익숙해져 있더라도 걷고, 뛰고, 매일 운동을 하면서 그것을 이겨내야 한다.

● ─ 한계가 있다며 딱지를 붙이고 싶은 충동에 저항하자. "나는 ~에는 능숙치가 않다."거나 "나는 ~에는 전혀 관심이 없어."라는 식의 말들은 스스로를 한계에 가두는 것일 뿐이다. 당신이 하기로 결정한다면 뭐든지 잘할 수 있고 즐길 수 있다.

● ─ 마음과 몸과 영혼의 상태를 최대화하도록 고안한 자기 계발 계획을 만들고 매일 그대로 실행하자.

● ─ 양궁, 브리지 게임, 요가, 명상, 태권도, 테니스, 무용, 혹은 전에 전혀 경험해 본 적이 없는 새로운 것이나 익숙하지 않은 것들에 관한 강의를 들어 보자.

23

헨리 워즈워스 롱펠로

잠자는 영혼은 죽은 것_열정

인 생 예 찬

나에게 말하지 마라, 슬픈 어조로.
인생은 다만 헛된 꿈이라고!
잠자는 영혼은 죽은 것이고
사물은 보이는 것과는 다르다.

인생은 진실이다! 인생은 진지하다!
무덤이 인생의 종착지는 아니다.
흙에서 와서 흙으로 돌아간다는 말은
영혼에 대한 것은 아니다.

향락도 비애도
우리가 반드시 가야 할 길은 아니다.
행동하라, 내일과 또 그 다음날에
우리가 오늘보다 발전할 수 있도록.

예술은 길고, 인생은 짧다.
우리 심장이 아무리 튼튼하고 용감해도,
싸맨 북 모양 둔한 소리로
무덤으로 가는 장송곡을 계속 울린다.

세상의 넓은 싸움터에서
인생의 야영장에서
쫓기는 짐승처럼 벙어리 되지 말고,
투쟁하여 영웅이 돼라!

아무리 즐거워도 미래를 믿지 마라!
죽은 과거는 그대로 묻어 버려라.
행동하라 - 살아 있는 지금 행동하라!
속으로 열정을 안고 위로는 하느님을 모시고!

위인들의 생애는 우리를 일깨운다.
우리가 우리의 삶을 숭고하게 할 수 있음을,
그리고 떠날 때 우리 뒤 인생의 모래밭에
발자국을 남길 수 있음을.

그 발자국은,
인생의 장엄한 대양을 항해하다가

외로이 난파당한 다른 동지들에게
용기를 주게 되리라.

그러니 일어나 행동하자,
어떤 운명에도 굴하지 않는 의지를 가지고.
항상 성취하고, 항상 추구하면서,
행동하고 기다리는 것을 배우자.

　이 책에 소개한 시인 중에서 생전에 대단한 인기를 누린 시인
은 몇 안 되는데 롱펠로가 그 중 하나다. 1839년에 출간된 시선집
『밤의 소리』에 실린 「인생 예찬」은 미국과 유럽에서 대단한 인기를
누렸다. 그 뒤의 「헤스페루스의 잔해」와 고전 「하이어워사의 노래」
는 더 큰 인기를 모았다. 19세기 미국의 가장 인기 있는 시인이라는
타이틀을 갖고 있는 이가 쓴 이 시는, '열정'이라는 한 단어에 대한
찬사다. 이 말은 그리스어에서 나온 것으로 '내면의 신'이라는 뜻이
다. 롱펠로의 「인생 예찬」은 우리에게 주어진 인생이라는 짧은 시간

　• •헨리 워즈워스 롱펠로(1807~1882) 미국의 시인이자 번역가이며 대학교수.
대중적인 인기도 있었지만 동시에 진지한 시인으로도 평가받고 있다.

을 사려 깊게 관찰한 뒤, 자신의 존재 전체와 경험한 모든 것에 대해 열정적이고 감사하는 태도를 가지라고 권한다.

1861년, 롱펠로는 두 번째 아내가 옷에 불이 붙어 사망하자 우울증에 빠졌다. 불시에 두 아내를 잃은 뒤 롱펠로는 정신적인 안정을 원했다. 생애 마지막 20년 동안 쓴 수많은 시들은 신과 관계 맺기를 원하는 그의 바람을 반영하고 있다. 「인생 예찬」은 이 위대하고 인기 높은 시인의 정신에 대한 기념비라 할 수 있다.

롱펠로는 이 시에서 영혼은 우리의 진정한 본질이며 "사물은 보이는 것과는 다르다."고 말한다. 우리의 육신과 물질적 환경은 가공일 뿐이며, 지루하고 아무것도 이룰 수 없는 삶으로 우리를 이끈다. 그는 무덤이 우리의 목표가 아니라는 것을 일깨워 준다. 나이가 들었다는 것은 단지 육체에 해당하는 말일 뿐이다. 우리의 영혼은 흙으로 구성되어 있지 않다. 롱펠로는 우리가 겪은 슬픔과 기쁨에 대해 잊지 말라고 한다. 대신 우리의 성장에 관심을 갖고, 오늘의 자신보다는 내일의 자신이 좀더 발전해 나가도록 촉구한다. 우리의 육신은 무덤으로 가는 장례 행렬이다. 그러나 영혼은 그런 장례 행렬 같은 것은 결코 알지 못할 것이다.

그가 선택한 언어들이 나는 좋다. 떼거리 심리가 명령하는 것은 무엇이든지 따르는, 말 못하는 가축과도 같은 우리의 삶을 일깨워 준다. 더구나 그는 영웅이 되라고 말한다. 그것은 정말 가슴 두근거릴 만큼 열정적으로 살라는 의미라고 나는 해석한다. 인생에 대한 열정을 과시하라. 무슨 일을 하든 주위 사람들이 당신의 열정에 영향을 받을 때까지 그것을 밖으로 발산하라. 이것이 영웅주의이다. 영웅이 되기 위해서는 아이를 구하려고 불타는 건물 속으로 뛰어들 필요가 없다.

열정은 어떤 사람에게는 있고 다른 이에게는 없는 그런 것이 아니다. 시인이 "흙에서 와서 흙으로 돌아간다는 말은 영혼에 대한 것은 아니다."라고 가르쳐 줘도, 우리는 내면의 영혼이 흙이 되게 버려 두고 있다. 열정은 성공을 키우는 특성이다. 당신이 열정을 품으면 사람들에게 사랑받을 것이고 어떤 흠집이 있어도 용서받을 것이다.

그리스의 위대한 극작가 아이스킬로스는 이렇게 선언했다. "인간이 열심히 하려고 할 때, 신은 찾아온다." 열정은 기쁨을 퍼뜨린다. 아무것도 그것을 억누르지 못하기 때문이다. 열정이 있으면 모든 두려움을 이길 수 있고, 신뢰를 쌓게 된다. 모든 의심과 혼란이 사라진다. 당신은 지금 바로 열정을 선택할 수 있다.

롱펠로와 같은 시대를 살았던 에머슨 역시 열정의 가치를 알았다. 그는 "역사상 위대하고 당당한 행동은 모두 열정의 승리이다."라고 했다. 「인생 예찬」이 제시하는 것을 실천함으로써 자신의 삶 자체를 위대하고 당당하게 만들자. "그러니 일어나 행동하자, 어떤 운명에도 굴하지 않는 의지를 가지고."

'어떤 운명에도 굴하지 않는 의지'를 가지고 자신이 처한 환경에 상관없이 열심히 노력하는 사람들을 눈여겨보자. 그들은 즐겨 웃는다. 아주 작은 일에도 흥분한다. 지루함을 전혀 모르는 사람들처럼 보인다. 선물을 하나 줘 보라. 고마워하며 껴안을 것이다. 그리고 곧 그것을 사용할 것이다. 그들에게 공짜 연주회 표를 하나 줘 보라. 기대하지 않은 선물에 탄성을 지를 것이다. 함께 쇼핑을 가 보라. 눈을 크게 뜨고 보이는 것은 빠뜨리지 않고 감상하며 단 한 마디도 불평하지 않을 것이다. 그들 곁에 있고 싶지 않은가? 이것이 열정이다. 그 열정은 "인생은 진실이다! 인생은 진지하다!"는 롱펠로의 말을 우리가 깨닫길 바란다.

'침묵하는 영혼은 죽은 것이다.' 라는 롱펠로의 말을 기억하라. 자신의 영혼을 다시 살아나게 하자. 육체를 통해서 영혼이 인생을 경험하게 하자. 열정이 되살아나면 당신은 무엇이든 시작할 수 있다. 그런 의미에서 몇 가지 실제적인 시도를 해 보자.

✦ 능동과 열정 ✦

● — 해변을 걷거나 축구 시합에 참가할 때 언제나 이것이 '처음' 이 자 '마지막' 인 것처럼 하자. 무엇을 하든 이런 태도를 취하면 새로운 시각과 열정적인 감각을 갖게 된다. 나에게는 아이가 여덟 있다. 그 애 들의 재능이 얼마나 다양한지는 말로 다 할 수가 없다. 나는 아이들의 수많은 연주회와 오디션에 참석했고, 축구, 농구, 야구에 이르기까지 다양한 활동에 참여했다. 그때마다 나는 생전 처음 해보는 것처럼 행 동한다. 그러면 그 경험이 더욱 생생해지고, 열정이 솟구친다.

● — 지금까지 자신을 훈련해 온 방법에 대해 생각을 바꿔 보자. "난 언제나 겉으로 드러내는 성격이 아니었어."가 아니라, "삶에 대한 내 열정을 보여 주고 말 거야."라고 말하라. 영혼을 잠재우느냐 아니면 일깨우느냐 하는 것은 언제나 선택의 문제다.

● — 다른 사람이 행동을 취하는 동안 옆에 가만히 서 있는 것도 나쁘 진 않다. 그러나 열정을 가지고 승리를 위해 행동하다 보면, 일어나 행 동하라는 롱펠로의 말이 무슨 의미인지 경험하게 될 것이다.

● — 보스턴 차 사건의 주인공 폴 리비어가 말을 타고 달리는 모습을 묘사한 롱펠로의 또 다른 시는 "애들아 들어라, 그리고 당신들에게도 들리겠지……"로 시작한다. 그 서사적 순간의 흥분을 느껴 보자. 아내 를 잃은 슬픔에도 불구하고, 어떤 운명에도 굴하지 않는 의지를 가지 고 일어나 행동했던 시인의 열정을 느껴보자.

24

알프레드 테니슨 경

설령 잃는다 할지라도 _실패

난 조금도 부러워하지 않는다

난 조금도 부러워하지 않는다.
당당한 분노가 없는 포로를.
여름 숲을 전혀 모르는
새장 속에서 태어난 방울새를.

나는 짐승들을 부러워하지 않는다.
시간의 들판에서 마구 뛰놀며
죄책감에 구애받지 않고
양심이 깨어나지 않는 그들을.

나는 부러워하지 않는다.
자신이 축복받은 것으로 착각하며
단 한 번도
영원한 사랑의 맹세를 해 본 일 없이

나태의 잡초 속에서 무기력해진 가슴을.
결핍에서 태어난 자기만족을.

나는 이것을 영원한 진리라고 생각한다.
가장 슬플 때도 나는 이렇게 느낀다.
잃더라도 사랑은 일단 해 보는 것이 더 낫다고
한 번도 사랑해 본 적이 없는 것보다는.

　알프레드 테니슨은 빅토리아 시대의 대표적인 시인이다. 그는 담배와 포도주에 심하게 중독되었으며 방랑자였다. 그리고 평생의 대부분을 정착하지 못한 상태로 살았다. 시인 토머스 칼라일은 랠프 월도 에머슨에게 보낸 편지에서 그를 이렇게 묘사했다. "(4대 요소 중) 우울이라는 한 요소에 잠겨 있는 격렬하고 슬픈 사람…… 세상에서 가장 멋진 외모를 가진 사람…… 그의 목소리는 굉장히 느긋합니다. 높은 웃음소리와 폐부를 찌르는 듯한 통곡에 잘 어울립니다." 테니슨에 관해 쓴 글들을 읽어 보면, 위험에 뛰어들기 좋아하고 노력한 일들이 계획대로 되지 않았을 때도 그 결과를 기꺼이 받아들이

　• •**알프레드 테니슨 경(1809~1892)**　1850년에 계관시인으로 임명된 영국 시인. 영국 빅토리아 시대를 대표하는 인물로 평가받고 있다.

는 매우 열정적인 사람이었음을 알 수 있다.

　여기에 소개한 시에서도 그는 실패를 두려워 하는 사람들이 너무 자주 무시해 버리는 것에 대해 이야기하고 있다. 그는 앞으로 계속 나아가면서 실패와 두려움을 무시해 버리라고 우리에게 말한다. 그는 새장 안에 안전하게 갇혀서 편안히 노래하는 새를 부러워하지 않는다. 자유는 위험을 타고나지만, 그래도 그는 자유에 가치를 둔다. 그는 위험한 관계들을 부담스럽다고 피하는 사람들을 부러워하지 않는다. 이 시의 마지막 4행은 가장 기억할 만하다. 그리고 모든 문학 작품 중에서 가장 자주 인용된다.

　나는 이것을 영원한 진리라고 생각한다.
　가장 슬플 때도 나는 이렇게 느낀다.
　잃더라도 사랑은 일단 해 보는 것이 더 낫다고.
　한 번도 사랑해 본 적이 없는 것보다는.

　테니슨은 여기서 사랑의 관계에 대해서만 말하는 것이 아니다. 위 부분을 다음과 같이 고칠 수도 있다.

　잃더라도 일단 행동해 보는 것이 더 낫다고.
　한 번도 실행한 적이 없는 것보다는.

　나는 당신에게 놀라운 아이디어 하나를 제안한다. '세상에 실패 같은 건 없다!'는 것이다. 실패란 우리 인간이 이미 행한 행동에 대해 내린 판단이다. 그보다는 이런 태도를 취하라. '난 실패할 수 없어. 난 단지 결과를 만들어 낼 뿐이야!' 그런 다음 자신에게 던질 가장 중요한 질문은 '내가 만든 결과를 가지고 무엇을 할 것인가?' 이다.

　　예를 들어, 야구를 하거나 케이크를 만든다고 생각해 보자. 당신은 타석으로 나가서 연달아 헛스윙만 한다. 당신이 만든 케이크는 오븐 밖으로 튀어나와서는 눈앞에서 뭉개져 산더미를 이룬다. 하지만 우리는 실패한 게 아니라 뭔가를 했고, 결과를 만들어 낸 것이다. 이제 그 결과를 가지고 무엇을 할 것인가? 스스로에게 실패자라는 딱지를 붙이고, 자신은 요리에는 전혀 소질이 없다고 떠벌리거나 유전적으로 모자란다며 우울해 하는가? 아니면 부엌으로 다시 들어가서 만들어 낸 결과로부터 뭔가를 배우는가? 테니슨은 무슨 일을 하든지, 그것을 삶 속에서 이해하고 활용하라고 조언한다.

　　당신이 파산을 했거나 이혼을 했을지라도 실패한 것은 아니다. 그저 결과를 빚었을 뿐이다. 일이 잘못될까 두려워 방관자로 있기보다는 삶에 뛰어들어 경험하라.

　　당신의 진짜 본성이 어떤지 잠시 생각해 보자. 당신이 아기였을 때는 당신을 걱정하는 주위 사람들이 말리기도 전에 일단 걸음을 떼어 놓는, 그런 본성을 가졌었다. 당신이 누워 있을 때 당신의 본성은 "앉아."라고 말하고 당신은 그렇게 한다. 본성이 "기어."라고 명령하면 당신은 복종한다. 본성이 "두 발로 딛고 일어서, 균형을 잡고 똑바로 서서 움직여."라고 말한다. 그러면 당신은 귀 기울여 듣는다.

처음 걷기를 시도했을 때는 넘어져서 다시 기게 된다. 그러나 본성은 기는 것에 만족하지 않고, 두려움과 실패를 무시한 채 다시 일어서게 만든다. 이번에는 비틀거리다가 또다시 넘어진다. 하지만 본성은 그걸 이겨 내고 결국 똑바로 서서 걷게 한다. 본성이 자포자기했다면 어땠을지 상상해 보라. 아마 여전히 네 발로 기면서 직립 생활의 유리함을 모르고 있을 것이다.

이것은 살면서 겪는 모든 일에서도 마찬가지다. 본성을 무시하고 두려움 속에 사는 것보다는 행동하고 그로 인해 점점 성장하는 편이 훨씬 낫다.

'두려움(fear)'이라는 단어는 '진실이라고 밝혀진 잘못된 증거(False Evidence Appearing Real)'라고 풀어 쓸 수 있다. 그 네 단어의 첫 자만 모으면 두려움(fear)이라는 단어가 된다. 다시 말해 우리는 온갖 핑계들을 상상한 다음 그것을 현실이라고 규정한다. 우리의 두려움은 실패할 수 있다는 환상, 그리고 실패란 가치없는 것이라는 환상에 의해 유지된다. '두려움(fear)'이라는 단어를 풀어 쓴 또 다른 구절은 '모든 걸 잊고 뛰어라(Forget Everything And Run)'이다. 이것은 실패가 예상되는 상황에서 그것을 극복하라는 의미다.

알프레드 테니슨은 죽기 8년 전에 귀족의 작위를 받았다. 그리고 만년에 영국의 국민시인이 되었다. 그러나 젊은 시절의 알프레드 테니슨은 흥미로운 일을 쫓아다니는 활기찬 남자로 실수를 마다 않고 일을 저질렀으며 여인들과 사랑하기를 갈망했다. 사랑을 잃어버릴지도 모른다는 것을 알면서도 그는 사랑하지 않는 것보다는 사랑하는 것을 선택했다. 실제로 그는 거절당하고 슬픔에 빠졌으나 "난 조금도 부러워하지 않는다."고 말했다.

당신은 어떤 일에서도 결코 실패하지 않았고, 또 결코 실패하지 않을 것이다. 실패를 두려워하는 것은 일을 그르치거나 실수하는 것을 피하려는 마음이다. 그러나 그런 실패와 실수야말로 성장을 위한 참된 핵심이다. 에디슨이 배터리를 발명하기 위해 고생하고 있을 때 한 기자가 2만 5,000번이나 실패하면 기분이 어떤지 묻자 그는 재미있는 대답을 했다. "실패라니, 나는 실패하지 않았어요. 오늘 나는 배터리를 만들지 못하는 2만 5,000가지 방법을 알아 냈다고요!"

✤ 실패와 맞장뜨기 ✤

● — 당신 자신이나 다른 누구에게도 다시는 '실패'라는 단어를 쓰지 말자. 일이 계획대로 되지 않았을 때 그건 실패한 것이 아니라 그런 결과를 빚은 것일 뿐이라고 자신에게 상기시키자.

● — 그런 다음 인생의 가치를 대단히 높여 줄 질문을 자신에게 던지자. "내가 만들어 낸 결과를 가지고 난 무엇을 할 것인가?" 그것이 빛나는 결과가 아니더라도 불만스러워하지 말고 고마워하자.

● — 다른 사람이 당신에게 '실패'라는 말을 쓰면, "나는 실패한 것이 아니라 케이크를 구울 수 없는 방법을 하나 더 알아 낸 겁니다."라고 점잖게 정정해 주자.

● — 이전에 재능이 전혀 없다고 생각했던 활동들을 열심히 시도해 보자. 두려움이나 실패에서 벗어나는 길은 그것과 직면하는 것이다. 이전의 결과 때문에 당황하거나 겁을 먹기보다는 그 결과를 보고 웃어 주자.

25 상처는 천천히 아문다_인내

일을 빨리 이루려고
욕심내지 말라.
작은 이득에 눈길 돌리지 말라.
일을 빨리 하려는 욕심이
일을 철저히 하지 못하게 한다.
작은 이익에 눈을 돌리면
큰일을 하지 못한다.

　　나는 위에서 인용한 공자의 글을 내 컴퓨터 위쪽에 붙여 놓았
다. 이 글은 '큰일'을 가로막는 장애물을 피하라고 나에게 조용히
일깨워 준다. 우리의 위대함이 가려지면 우리는 본능적으로 그것을

・ **공자(BC 551~BC 479)** 중국 노나라의 교육자이자 철학자로, 그의 철학은
중국인의 삶과 문화에 큰 영향을 주었다.

깨닫는 듯하다. 하지만 그 깨달음을 무시하고 편한 대로 행동해 버리 릴 때가 많다.

인내는 자연 세계와 우리 개인에게 아주 중요한 요소이다. 팔을 긁히거나 뼈가 부러지면, 치유 과정은 내 의견과는 상관없이 그 나름의 속도대로 정확하게 진행된다. 이것이 자연의 법칙이다. 상처를 빨리 낫게 하고 싶은 내 욕망은 전혀 중요하지 않다. 공자가 2,500여 년 전에 충고했듯이, 인내심을 잃는다면 치유를 방해하는 꼴이 될 것이다. 이 고대 중국 현인의 지혜에 맞먹을 만한 말을 셰익스피어도 했다. "참을성 없는 자들은 얼마나 불쌍한가! 상처가 서서히 낫지 않고 일시에 아문 적이 있는가?"

내가 아이였을 때 봄철에 무씨를 심은 기억이 난다. 초여름이 되자 푸른 싹이 땅 위로 불쑥 돋아났다. 나는 그것들이 아주 조금씩 자라나는 걸 매일 지켜봤다. 마침내 나는 더 이상 참을 수가 없어서 무 싹들을 잡아당기기 시작했다. 자연은 스스로의 시간표에 맞춰 그 비밀을 드러낸다는 걸 미처 몰랐던 것이다. 그 작은 잎들은 무도 달려 있지 않은 채로 땅 속에서 뽑혀 나왔다. 무를 빨리 키우고 싶은 어린애의 조급함이 무가 전혀 크지 못하게 한 것이다.

내가 낸 책이 이전에 냈던 책들처럼 베스트셀러 목록에 오르지 못할 때가 있다. 그럴 때면 이 현명한 중국 현인의 다음과 같은 관점을 떠올린다. "큰일은 시간을 걱정하지 않는다." 그가 떠난 지 2,500여 년이 지난 뒤에도 그의 말들이 여전히 인용되고, 그의 지식들이 여전히 활용되고 있다. 그는 베스트셀러 목록에 오르는 일 따위에는 전혀 신경쓰지 않았을 것이다.

『기적이 일어나는 과정(A Course in Miracles)』이라는 책에 이런 글이 나온다. "무한한 인내는 즉각적인 결과를 낳는다." 이 말은 공자의 충고를 그대로 되풀이한다. 무한한 인내란 전적으로 믿거나 완전히 깨달은 상태를 나타낸다. 당신이 하는 일이 자신의 목적에 부합하고, 또 분명히 큰 목적을 달성하기 위한 것이라면 당신은 평화로운 상태를 유지하고 있는 것이며 영웅적인 임무와 조화를 이루고 있는 것이다. 그런 평화는 즉각적인 느낌이며, 더없이 행복한 상태이다. 그러므로 무한히 인내하는 자는 일을 빨리 해치우는 것에 관심이 없다. 지금 즉시 결과를 볼 필요를 느끼지 않는다. 베이고 긁힌 상처들은 참을성 없는 에고를 따르는 것이 아니라 자연스런 본능에 의해 치유된다.

이런 깨달음은 내가 글을 쓰는 데, 그리고 내 필생의 일들에 어마어마한 도움을 주었다. 나는 아이들의 시험 점수에 일일이 관심을 갖지 않는다. 왜냐하면 그들의 삶에서 더 큰 그림을 볼 수 있기 때문이다. 동양의 격언 중에 "시간과 인내가 있으면 뽕잎이 실크 가운이 된다."는 말이 있다. 나는 우리 아이들도 만들어지고 있는 실크 가운이라 생각한다. 지금은 뒷걸음질 치더라도 그것이 아이들의 위대함에 흠집을 내기보다는 결국 공고하게 하리라는 것을 알고 있다.

참을성이 없으면 두려움, 스트레스, 낙담이 커진다. 인내는 신뢰감, 결단력 그리고 평화로운 만족감을 키운다. 성공의 즉각적인 증표를 원하고 있지는 않은지 자신의 삶을 살펴 보자. 목표를 가지고 더 큰 그림을 본다면 훈장이나 박수 따위에 대해서 초연해질 수 있을 것이다.

나 역시 많은 사람들처럼 중독을 극복해낸 경험이 있다. 나는 카페인이나 알코올 같은 중독성 기호품을 끊어야겠다고 생각했다. 그래서 하루 동안 카페인과 술을 끊은 날엔 경계심을 다소 늦추고 콜라나 맥주를 한 잔씩 하며 자축하는 방법을 썼다. 처음부터 아주 철저했던 것은 아니다. 하지만 스스로 무한한 인내심을 발휘한 뒤, 나는 그 일에 성공할 수 있었다. 끝없는 인내를 통해서 나는 중독 물질들이 나의 가장 큰 목적과 내가 해야 할 일을 방해한다는 걸 알았다. 그리고 나는 중독에서 완전히 벗어났다.

중독에서 벗어나려는 생각, 그리고 공자가 '작은 이득'이라고 표현한 모든 노력과 실패는 깨끗해지기 위한 과정의 일부였다. 스스로에게 인내했기 때문에 나는 그 작은 승리로도 참아낼 수 있었다. 참아내기 시작하자 더 철저하게 중독 물질들을 끊을 수 있었다. 가만히 있어도 그 과정이 스스로의 속도로 진행되어 갔다. 참을성만 있다면, 작은 승리들을 자축하다가 다시금 실패를 되풀이하는 동안에도 놀라운 능력에 이르게 된다. 이런 상황의 의미를 알고 있다면, 당신은 다음 두 개의 모순적인 말을 즐기게 될 것이다. "무한한 인내는 즉각적인 결과를 낳는다." 그리고 "하루에 한 번씩 영원한 결과를 만든다."

시계를 몇 시간 앞으로 돌려놓고 벽에 걸린 달력 몇 달 치를 찢어 버린다고 해서 당신이 시간을 앞서 갈 수는 없다. 실패와 좌절은 금방 이뤄질 성공 바로 옆에 있다. 실패와 좌절은 성공의 일부분이고 한 조각이다. 상처는 그 자체의 속도로 진행되게 놔 두어야만 한다. 무화과를 먹기 위해서는 먼저 무화과 꽃이 피고, 열매를 맺게 해 줘야 한다. 자신의 본성을 믿고, 일이 빨리 이뤄지기를 바라는 욕망을 버려라.

✤ 멀 리 보 기 ✤

● ─ 금방 표시 나는 증표로 자신을 자극하려는 조건부 수단을 버리자. 자신이 눈에 보이는 것보다 훨씬 더 높은 임무를 맡고 있다는 사실을 깨닫는다면, 지금 눈에 보이는 어리석은 결과들로부터 자유로워질 것이다. 게임 전체를 봤을 때 초반에 앞서 나가는 것은 나중에 크게 불리할 수도 있다.

● ─ 5분 간의 이익보다는 500년 동안의 이익을 따지면서 당신이 하고 있는 일을 생각하자. 지금부터 500년 뒤에 여기 있을 우리 같은 사람들을 위해서 일하자. 그러면 금방 얻을 결과보다는 훨씬 더 큰일을 강조하게 될 것이다.

엘라 휠러 윌콕스

행복의 에너지_긍정적 마음가짐

고독

웃어라, 그러면 세상도 함께 웃을 것이다.
울어라, 그러면 그대 혼자 울게 되리라.
이 슬픈 옛 세상은 제 고민으로 가득해
환한 웃음을 지을 수 없기 때문이다.
노래하라, 그러면 언덕이 화답할 것이다.
한숨을 쉬어라, 그러면 허공으로 흩어져 버린다.
되돌아 오는 메아리 소리가 즐겁게 들릴지라도
실은 근심으로 떨리고 있으니.

기뻐하라, 그러면 사람들이 그대를 찾을 것이다.
슬퍼하라, 그러면 그들은 돌아서서 가버릴 것이니.
그들은 그대의 완전한 기쁨을 송두리째 원하나
슬픔은 필요로 하지 않는다.
기뻐하라, 그러면 친구들이 많아진다.

슬퍼하라, 그러면 모든 친구를 잃을 것이니.
그대의 달콤한 포도주를 거절할 사람은 아무도 없으나
인생의 쓴 잔은 혼자서 마셔야 한다.

잔치를 열어라, 그러면 홀이 가득 찰 것이다.
세상을 멀리하라, 그러면 세상이 비켜 지나간다.
성공해서 베풀라, 그러면 삶에 도움을 얻을 것이나
죽음을 도울 수 있는 사람은 아무도 없다.
기쁨의 홀에는 공간이 있다.
당당하고도 긴 행렬을 위한.
그러나 하나하나 우리는 모든 것을 쌓아 두어야 한다.
고통의 좁은 복도를 지나서.

이 시의 제목은 '고독(Solitude)'이다. 하지만 나는 이 시의 제
목이 '마음가짐(Attitude)'이라면 훨씬 더 잘 어울릴 것이라고 생각
한다. 자주 인용되는 이 시를 통해 엘라 윌콕스가 말하는 것은 어떤
마음가짐이든, 우리는 바로 그것을 인생에 끌어들이게 된다는 사실

• • 엘라 휠러 윌콕스(1850~1919) 관념론과 신지학, 신비주의에 이끌린 드라마
틱한 개성의 소유자. 시집과 신문의 칼럼으로 독자들에게 많은 사랑을 받았다.

이다. 슬프다는 생각은 공허함을 끌어들인다. 기쁨을 생각하면 세상은 당신과 함께 금방 웃을 것이다. 이 아름답고 간단한 시는 에너지장이 예측되기 전에 씌어진, 에너지장 이론의 가장 기본적인 표현이다.

에너지장 이론이란 인간을 포함해서 살아 있는 모든 생명체는 반드시 그 주위에 보이지 않는 에너지가 진동하는 장이 있다는 것이다. 이 에너지장은 우리가 생각하고 경험해 나가는 방법에 의해 만들어진다. 어떤 의식 수준에서는 에너지장이 빠르게 진동하고, 다른 의식 수준에서는 느리게 진동한다. 다양한 의식 수준은 그것에 맞춰 에너지장을 만들어 낸다.

두 사람이 육체적으로 근접할 때는 서로의 에너지장과 마주치게 된다. 일정 시간 동안 강하고 지속적인 에너지가 존재했던 곳에는 사람들이 떠난 뒤에도 에너지장이 남아 있을 수 있다. 예를 들어, 우리는 어떤 에너지장에 들어갔다는 것을 지각하지 못하더라도 종종 슬픔이나 기쁨을 느낀다. 암스테르담에 있는 안네 프랑크의 집을 방문했을 때, 나는 거의 숨을 쉴 수 없었다. 수백만 명이 찾아와 안네 프랑크의 이야기를 나눈 그곳은 집 전체의 공기가 매우 무거워 보였다.

기쁜 에너지장 역시 그것이 자리 잡고 있던 장소에 남아 있다. 영적으로 뛰어난 사람 앞에서는 누구나 사랑을 느끼고, 그들의 에너지장에 들어가자마자 의식이 바뀌게 된다. 엘라 휠러 윌콕스는 "웃어라, 그러면 세상도 함께 웃을 것이다. 울어라, 그러면 너 혼자 울게 되리라."는 이 유명한 첫 두 행으로 자신도 모르게 에너지장의 핵심을 잡아 냈다.

몇 년 전 어느 해변에서 나는 이 유명한 메시지를 생생히 체험했다. 시카고에서 온 한 여인이 전날 밤 텔레비전에 나온 내 모습을 알아보고 나에게 다가왔다. "여기 남부 플로리다에 사세요?" 그녀의 질문에 나는 그렇다고 대답하고, 해변을 산책하는 중이라고 말했다. 그러자 그녀는 흔히들 하는 질문을 했다. "여기 사람들은 어때요?" 나는 이렇게 되물었다. "시카고 사람들은 어떻죠?" 그녀는 활짝 웃으며 중부 지방 사람들이 얼마나 따뜻하고 친절한지를 설명했다. 나는 그녀에게 즉시 말했다. "보면 아시겠지만 여기도 마찬가집니다."

그 해변을 따라서 돌아오는 길에, 남편을 따라 뉴욕에서 온 한 여인이 나를 멈춰 세웠다. 그녀 역시 지난밤에 내가 나온 텔레비전 쇼를 재미있게 봤다고 했다. 그 여인은 내가 한 시간 전에 받은 것과 똑같은 질문을 했고 나도 같은 질문을 던졌다. "뉴욕 사람들은 어때요?" 그녀는 대도시 사람들이 얼마나 무감각하고, 편 가르기가 심하고, 불친절한지에 관해 장광설을 늘어 놓았다. 나는 "아시게 되겠지만 여기도 마찬가지죠."라고 대답했다. 우리는 자기 마음으로 투영해 내는 것을 우리 인생에 그대로 끌어들인다. 세상이 더러운 웅덩이라고 느끼는 사람에게는 해충만 눈에 띈다. 반면에 인간은 선하다고 믿는 사람들은 다른 이들에게서 같은 마음을 본다.

많은 사람들이 미국은 서비스의 질이 형편없다고 탄식한다. "좋은 서비스를 받을 수가 없어요." 이게 우리가 매일 듣는 불평이다. 실제로 『타임』지는 소매점과 레스토랑, 시계 수리점에 이르기까지 모든 분야에서 서비스가 사라지고 있음을 커버스토리로 다룬 적이 있다. 최근 텔레비전 쇼에 패널로 나온 사람들 모두가 한 목소리로 서비스의 질 저하에 동의했는데 나는 찬성하지 않았다. 나는, 기대는 그 기대하는 바를 스스로 이끌어 낸다고 설명했다. 내가 어떤 소매점이나 레스토랑에 들어갔을 때 나는 명랑하고 친절한 대접을 받기를 기대한다. 그리고 나는 바로 그것을 얻는다. 친절한 점원을 찾을 수 없을 때는 기분 나쁘고 불쾌한 생각으로 내 에너지장을 오염시키지 않는다. 대신 내가 찾고 싶은 에너지를 밖으로 내보내기 시작한다. 무뚝뚝한 웨이터를 만나면 "자네 오늘은 기분이 안 좋은 날인 것 같군. 이해하네. 이게 보통 힘든 직업인가! 좀 쉬게."라고 말하면서 내 에너지장 속으로 그를 끌어들인다. 시인이 옳았다. "기뻐하라, 그러면 친구가 많아진다. 슬퍼하라, 그러면 모든 친구를 잃을 것이니."

당신의 에너지장은 당신이 만들어내는 진동수가 어떻든 그 주파수에 맞춰 발산된다. 우리는 매일 수많은 사람의 에너지장에 의해 영향을 주고받는다. "원하지 않는 것이나 믿지 않는 것에 에너지를 쏟지 마라."는 것이 조언의 핵심이다. 웃기보다는 울기를, 노래하기보다는 한숨 쉬기를, 기뻐하기보다는 비탄에 빠지기를, 반가움보다는 슬픔을, 잔치를 열기보다는 굶기를, 즐거움보다는 고통을 선택할 때, 진동 속도가 낮아지고 당신의 정신적 에너지장이 오염된다.

매일 아침 하루의 첫 모습을 대하면서 "하느님, 좋은 아침이군요."라고 할 것인지, "하느님 맙소사, 아침이군."이라고 할 것인지는 당신의 선택에 달렸다. 뭘 선택하든 그것이 당신의 삶에 초대될 바로 그 에너지다. "기쁨의 홀에는 공간이 있다. 당당하고도 긴 행렬을 위한." 당신의 마음가짐을 이런 식으로 고쳐 에너지장의 진동수를 증가시키자.

✚ 낙관적인 삶 ✚

● — 이 시에 나오는 슬픔, 한숨, 눈물 같은 부정적인 것들을 겪게 될 때 자신에게 물어보자. "내가 이렇게 처져 있으면 누가 내 곁에 있기를 바라겠는가?" 그런 다음 그 상태에서 빠져 나오려고 시도하자.

● — 당신의 에너지장 안으로 당신이 원하는 것들을 끌어들일 방법이 있는지 살펴보라. 당신이라는 '자석'은 부정적인 자력을 띨 수도 있고, 긍정적인 자력을 띨 수도 있다. 무엇을 선택하느냐가 당신의 삶을 무엇으로 채울지를 결정할 것이다.

● — 밝아지자. 스스로 밝아질수록 자만심에서 벗어나 삶이 훨씬 즐거워진다. 얼마나 많이 웃고, 노래하고, 즐거워할지를 스스로 조절해야 한다. 부정적인 감정이 당신을 유혹하더라도 이겨내라.

로버트 프로스트

27 자갈길과 아스팔트 _주체적 선택

가지 않은 길

노란 숲 속에 두 갈래 길이 있습니다.
나는 두 길을 다 가지 못하는 것을
안타깝게 생각하면서,
오랫동안 서서 한 길이 굽어 꺾여 내려간 데까지,
볼 수 있는 데까지 멀리 바라다보았습니다.

그리고 똑같이 아름다운 다른 길을 택했습니다.
그 길에는 풀이 더 많고 사람이 걸어 다닌 자취가 적어
아마 더 걸어야 하리라고 나는 생각했습니다.
내가 그 길을 걸음으로써
그 길도 거의 같아질 것이지만.
그날 아침 두 길에는
낙엽을 밟은 자취는 없었습니다.
아, 나는 다음날을 위하여

한 길을 남겨 두었습니다.
길은 길에 연하여 끝없으므로
내가 다시 돌아올 수 있을지 의심하면서.

먼 훗날 나는 어디선가
한숨을 쉬며 이야기할 것입니다.
숲 속에 두 갈래 길이 있었다고,
나는 사람이 적게 간 길을 택하였다고,
그리고 그것 때문에 모든 것이 달라졌다고.

프로스트는 이 시에서, 단순히 두 갈래 길 중 덜 바쁜 길로 갔다
는 얘기가 아닌, 훨씬 더 깊은 뭔가에 대해 말하고 있다. 숲 속에 난
두 갈래 길과 "내가 다시 돌아올 수 있을지 의심하면서."라는 프로
스트의 관조는 "내겐 여기서 단 한 번의 기회가 있을 뿐이다. 한 길
은 포기해야 한다. 일이 잘못됐다고 해도 돌아와서 두 번째 길을 가
볼 수는 없다."는 이야기를 효과적으로 표현해 준다. 그는 자신에게
선택권이 있다는 것을 알고, 결정을 내리기 위한 기준으로 자신의

• • **로버트 프로스트(1874~1963)** 수많은 퓰리처상 수상자 중에서도 미국의 풍
경과 인간의 영혼을 시적으로 다루었다는 점 때문에 새롭게 조명되고 있다.

본능을 사용한다. 그리고 그는 본능적으로 사람이 덜 다닌 길을 선택한다.

나는 이 시에서 우리 삶의 모든 면에 적용되는 충고를 읽는다. 프로스트는 무리를 따라가는 것을 조심하라고, 단지 다른 사람이 한다고 해서 따라하지 말라고 충고한다. 또 다른 사람이 어떻게 하든, 늘 어떻게 해 왔든 상관하지 말고 자기 방식대로 할 일을 하라고 한다. 이 시의 마지막 연은 아마 프로스트의 시 가운데서도 가장 많이 회자되는 부분일 것이다. 자신의 길을 선택하여 살았던 삶은 결국 모든 것을 달라지게 한다는 것이다.

아내와 나는 여덟 명의 아이를 가진 부모로서, 그 애들이 인생의 목적을 깨닫도록 돕고자 한다. 우리는 아이들이 나쁜 길로 들어서지 않도록 최선을 다한다. 음주 운전, 마약 복용, 범죄, 또한 무서운 성병에 희생된 젊은이들에 대해 듣고서 아이들과, 또 그 친구들과 함께 토론을 하기도 한다. 그러면 아이들은 종종 이렇게 말한다. "모두 다 그러는 걸요, 뭐." 그들은 '또래의 압력(peer pressure)'이라는 말을 쓰기도 한다. 젊은이들이 자신의 동료로부터 인정받기를 원하는 건 아주 정상적인 일이라는 것이다. 잘 어울리지 못해서 '외톨이'처럼 보이기를 원하는 사람은 아무도 없다고 그 애들은 말한다. 그러면 나는 늘 「가지 않은 길」이라는 이 시를 생각하라고 말해 준다. 어떤 길을 선택할지 결정할 수 없다면, 또는 두 길 모두 가고 싶다면, 이 시인의 조언을 따르라고. 이 사람들이 많이 가지 않은 길을 택하라고. 그 길은 인생을 아주 다르게 만들 것이라고 말이다.

모두들 마약을 하는 것이 근사하다고 생각한다면, 하지만 당신은 아직 결정하지 않은 상태라면, 다른 길로 가라. 오로지 혼자서만 갈 수 있는 길을 골라라. 그 길이 모든 것을 다르게 만들 것이다. 젊은 사람들에게 또래의 압력이 강력한 효과를 갖는 이유 중 하나는, 우리 어른들 역시 집단사고의 희생물이기 때문이다. 자기 인생을 남과 다르게 만들기란 어려운 거라고, 우리는 젊은이들에게 자주 변명한다.

역사상 수많은 위대한 영혼들이 독창적으로 제시하는 것들을 기초로 이 에세이 선집을 만들면서, 나는 두 눈이 번쩍 뜨이는 기분이었다. 나는 먼저 그들의 삶과, 그들이 각각의 시대에 내린 결정에 관해서 최대한 많은 자료를 찾아 읽었다. 실제로 우리가 존경하는 이 모든 사람들은 다른 사람들이 많이 다니지 않은 길을 택했고, 바로 그것이 남들과 다를 수 있는 이유였다.

이 시의 저자 프로스트는 농부, 변호사, 그 다음에는 교사가 되었다. 처음에 농사를 짓다가 그만두고서 할아버지의 뜻에 따라 변호사가 되려고 법률학교에 들어갔다. 그러나 그는 입학하자마자 뒤도 보지 않고 나와 버렸다. 그는 병 때문에 하버드를 떠났는데, 아마 사람들이 가장 많이 다닌 길을 가려고 하다 보니 생긴 병일지도 모른다. 그러나 그의 가슴속에는 시가 있었다. 그가 사람들이 거의 없는 길을 따라가자 모든 것이 달라졌다. 오늘날 우리가 그의 시를 볼 수 있는 것은 바로 그 선택 때문이다. 그와 같은 선택 때문에, 우리는 모차르트의 음악을 들을 수 있고, 미켈란젤로의 그림을 볼 수 있으며,

고대 그리스의 조각들을 감상할 수 있다.

프로스트의 시는 동료의 압력을 잊게 해 준다. 삶이 달라지길 원한다면, 다른 모든 사람의 방법을 생각 없이 따르지 말라. 자신만의 의지가 없는 인생에서 무엇을 남길 수 있겠는가? 사람들이 많이 다닌 길은 적당하고 편안하며, 당신을 잘 길들여 줄 것이다. 그러나 그 길은 결코 다른 삶을 살게 해 주지는 않을 것이다. 수세기에 걸쳐 위대한 사상가들이 쓴 이 글들을 읽어 보면, 남들이 가지 않은 길의 소중함을 느낄 수 있다. 그들의 글은 생명력이 길다. 가장 상식적인 길을 선택한 사람들의 비판에도 불구하고 멈추지 않았기 때문이다.

나는 지금까지 많은 사람들이 비판하는 주제에 대해 거리낌 없이 말하고 썼다. 처음에 내가 택한 길은 구덩이와 자갈투성이었다. 그러나 그 일들은 늘 내가 가장 믿었던 곳, 즉 나의 마음에서 나온 것이기에 나는 지속할 수 있었다. 세월이 흘러가자 그 길은 포장이 되고 불이 환하게 들어왔다. 한때 이 길이 어리석은 길이라고 생각했던 많은 사람들이 이제 나와 함께 그 길을 걷고 있다. 사람들은 나에게 자주 이런 말을 한다. "그때는 당신이 정말 미친 짓을 한다고 생각했어요. 하지만 이제는 당신이 했던 말들을 좋아해요." 로버트 프로스트의 조언을 실제로 경험하는 것은 참 행복하다.

프로스트는 무리를 따르기보다는 자신의 직관을 따르는 특별한 선택에 대해서 썼다. 당신과 나에게, 특히 우리 아이들에게 이것은 얼마나 대단한 교훈인가. 자신의 길을 선택하여 "세월이 많이 지난 뒤 한숨을 쉬며 이것을 말하는" 즐거움을 알도록 권한다. 그리고 지금의 아이들이 자라 어른이 된 후에, 자기 앞의 남은 길 위에는 사람들이 거의 없다는 걸 깨닫게 되길 바란다.

✦ 비교하지 않기 ✦

● — 자신의 삶을 합법화하기 위한 수단으로 다른 사람의 행동이나 결과들을 사용하지 말자. 집단 사고와 조화를 이루지 못한다면, 자신의 마음이 원하는 길을 택하자.

● — 다른 사람과 비교하지 않도록 노력하자. 누군가에게 다른 사람의 기준을 따르도록 요구하지 말자.

● — 가고 싶은 길에 관한 마음의 소리를 들어 보자. 당신의 인생이 한 방향을 향해 달려왔을지라도 그것이 마음에 와 닿지 않는다면, 사람들이 덜 다니는 길을 찾는 모험을 시작하자.

● — 로버트 프로스트가 자신의 시에서 얘기하듯이, 정말로 가 보고 싶었던 길로 다시 되돌아갈 기회가 없음을 기억하자.

요한 볼프강 폰 괴테

28 이 순간을 붙잡으라_실천

『파우스트』에서

빈둥거리며 오늘을 허비하고

빈둥거리며 오늘을 허비하는 것은 계속 되풀이된다.
내일, 그리고 그 다음날은 더욱 느려지며
망설일 때마다 점점 더 늦어지나니.
지나간 날들을 한탄하며 시간은 흘러간다.
그대는 진지한가? 그렇다면 바로 이 순간을 붙잡으라.
대담함 속에는 재능과 능력과 마법이 담겨 있나니.
결심하라, 그러면 마음이 뜨거워진다.
시작하라, 그러면 그 일이 이루어질 것이다!

• • **요한 볼프강 폰 괴테(1749~1832)** 독일의 시인이자 극작가, 소설가. 전형적인 인물 묘사보다는 사물의 자연적이고 조직적인 발전에 대해, 그리고 인간은 스스로를 믿을 필요가 있다는 점에 대해 관심을 갖고 글을 썼다.

요한 볼프강 폰 괴테는 위대한 학자들의 대열에서도 진정한 창조적 능력을 지닌 거인의 하나로 알려져 있다. 그는 르네상스 인간의 척도라 할 만하다. 극작가, 소설가, 시인, 저널리스트, 화가, 연설가, 교육자, 그리고 자연주의 철학자로서 그는 세계적인 위치에 오르려 평생 동안 노력했을 뿐 아니라 결국 그 위치에 올랐다. 82년의 생애 동안 그가 이룩한 것들은 올림포스 산의 신들이 이룬 것과 비견되고 있다. 거기에는 과학에 관한 서적 14권을 포함해 133권의 방대한 저술이 포함되어 있다. 그는 비상하게도 다양한 주제들을 동화, 소설, 역사극 등으로 써냈으며, 근대 문학의 명작 중 하나인 『파우스트』로 필생의 업적을 완결지었다.

　　오늘날 괴테가 우리에게 주는 메시지는 그의 창조적 노력이 이룩한 거대한 양에 있기보다는, 그가 삶을 살아간 방식에 있다. 그는 풍부하고 찬란한 삶을 살았고, 수많은 것을 연구하는 데 능숙했으며, 무아의 경지에서 일 속으로 빠져들었다. 괴테는 장엄하게 살았으며, 거대한 창조적 에너지를 지닌 사람이었다. 그의 위대함을 본받는다면 오늘날에도 많은 것을 얻을 수 있을 것이다.

　　『파우스트』에서 뽑은 이 발문은 자기정진에 대한 글 중 가장 많이 인용되는 구절이다. "대담함 속에는 재능과 능력과 마법이 담겨 있나니." 특히 이 구절은 20여 년 전부터 지금까지 내가 쓴 많은 책에 인용되어 왔다. 가장 창조적인 인간 40명의 지혜를 정리한 이 책에, 나는 보편적으로 받아들여질 수 있는 이 '실천'이라는 이상을 포함하기로 결정했다.

나는 이 책을 작업하는 동안, 일의 진도에 따라 편집자에게 매일 전화를 걸어 자료들을 읽어 주었다. 편집자는 이렇게 말하곤 했다. "웨인, 놀라워요! 이런 자료들을 어떻게 매일 찾아내는지 모르겠군요. 그걸 지금 만들어 내는 건 아니잖아요. 철학자와 시인들이 썼던 것을 끌어내 독창적으로 다시 묘사하고 있군요." 나는 그 찬사에 내심 미소를 지으며, 사실 그건 대단한 비밀이 아니라고 말했다. 끊임없이 창조성을 유지하는 비결은 이 시의 마지막 행에 있는 "시작하라, 그러면 그 일이 이루어질 것이다."라는 말에 담겨 있다.

만약 내가 오늘 빈둥거리기로 한다면 오늘은 헛되이 소모될 것이다. 그리고 내일도 똑같은 날이 될 것이다. 그리고 마침내는 허송한 날들을 슬퍼하게 될 것이다. 괴테가 나에게 묻는다. "그대는 진지한가?" 나는 대답한다. "그렇소." 그리고 나는 '바로 이 순간'을 붙잡는다. 수많은 분야에서 노력하며 82년 동안을 위대하게 살았던 한 인간의 강력한 조언에 따라 나는 행동하게 된다.

계획을 그만둬 버릴까, 해야 할 일들이 얼마나 어려울까, 이런 것들은 생각하지 말자. 이 순간을 놓치지 말고 시작하자. 그것 말고는 아무것도 하지 말자. 그것이 편지를 쓰는 일이건, 전화를 거는 일이건 당신은 이제 이 책을 내려 놓고 바로 그 순간을 붙잡아야 한다. 이 페이지는 책갈피로 표시해 두고, 계획을 실천에 옮긴 다음 책으로 다시 돌아오라. 당신은 "대담함 속에는 재능과 능력과 마법이 담겨 있나니."라는 괴테의 말을 실감하게 될 것이다.

"천재는 1퍼센트의 영감과 99퍼센트의 땀"이라는 토머스 에디슨의 유명한 말 또한 그 순간을 붙잡으라는 교훈을 준다. 그 1퍼센트란 당신의 생각과 감정을 말한다. 나는 편집자에게 이 책을 완성하게 된 '비밀'과, 모든 과정에 대해서 얘기했다. 그것은 단순히 매일매일 정해진 시간에, 다음 편의 에세이를 쓰는 것이다. 방해 요소가자꾸만 나타나고, 다른 일을 해야 할 것 같은 생각이 계속 들더라도, 나는 다음 에세이를 쓴다. 나는 이 책을 완성하겠다고 맹세하지 않는다. 단지 시작하겠다고 맹세한다. 실제로 언젠가 내가 읽고, 조사하고, 첫 문장을 쓰기 시작했기 때문에 나는 이 책을 완성해 나갈 수 있는 것이다. 그리고 이렇게 대담해지면 재능, 능력, 그리고 마법과도 같은 신기한 힘이 생긴다. 이것은 언제나 예외 없는 사실이다.

당신이 기회를 자꾸 피하는 사람이라면 괴테의 「빈둥거리며 오늘을 허비하고」라는 시를 테이프에 녹음해서 틀어 놓으라고 권하고 싶다. 당신이 그 대담한 시작의 발걸음을 미처 떼어 놓지 못한, 당신 삶의 창조적인 면들이 떠오를 것이다. 시작을 자꾸 미루면 마음이 닫혀서 결코 뜨거워지지 않는다. 일을 연기하고 지연하는 버릇은 오늘 하루를 허비하게 만든다. 나는 '시작'이라는 쓸모 있는 테크닉 때문에 그렇게 좋아하는 책을 완성하게 되었고, 또 내 삶의 다른 활동들도 해낼 수 있었다. 무언가를 시작할 때의 기쁨은 그 일을 끝마치거나 균형을 이룰 때의 기쁨보다 결코 적지 않다.

아내와 같이 먼 곳으로 둘만의 여행을 떠나자는 생각이 들었다면 어떻게 해야 할까? 그것에 대해 계속 이야기만 나누고 있다면, 절대 실행에 옮길 수가 없다. 마침내 나는 대담하게 마음먹고, 일단 약속을 해야 몸과 마음이 뜨거워질 것이라고 결론을 내린다. 그리고 "얘기는 충분히 했으니까 지금 바로 예약을 하자고. 달력에 날짜를 표시해 놓을게. 우린 곧 떠나게 될 거야."라고 말하는 것이다. 그런 기회는 빈둥거리며 오늘을 허비하는 태도를 버려야 찾아온다. 실제로 그렇게 했기 때문에 나는 가족들과 많은 활동을 함께할 수 있었다. 행동할 때는 바로 지금이다!

특별히 대담했고, 그랬기에 자신의 일에서 커다란 성취를 이루었던 한 사람이 지금 우리에게 말한다. 용기를 내어 대담해지라고. 용기를 일깨우는 괴테의 글들을 주의 깊게 읽고서, 우리도 그렇게 살아 보자. 생각만 했던 것들을 끄집어내어 우리가 살고 있는 현실 세계에 적용해 보자. 시작하라, 그리고 신기한 힘이 그 일을 떠맡아 해내는 걸 지켜 보자.

괴테가 『파우스트』에서 했던 조언을 대담하게 행동으로 옮기기 위해 다음의 제안들을 실천해 보자.

✤ 괴테의 조언 실천하기 ✤

● ─ 계속 원했지만 어떤 이유에선지 실제로 해볼 수 없었던 일 다섯 가지를 메모해 보자. 종이쪽지에 이 다섯 가지를 쓰는 것이 바로 출발점이다.

● ─ 이제 다른 일은 아무것도 하지 말고 첫 번째 항목을 행동에 옮기자. 그런 식으로, 메모한 다섯 가지 일을 하루에 하나씩 5일 동안 행동에 옮기자. 계획을 완성하겠다고 말하지 말고 그 일을 시작하겠다고 말하자. 결심이 마음을 뜨겁게 한다는 괴테의 말을 이해하게 될 것이다.

● ─ 인생에는 정말로 중요한 일들이 있다. 왜 그것을 이루려고 노력하지 않았는지 변명을 늘어놓지 말자. 하고 싶었던 일을 하지 못한 주된 이유는, 그 순간을 붙잡지 못했기 때문이다. 모든 핑계는 그저 핑계일 뿐이다.

● ─ 행동파들과 어울리자. 겉으로 대담하게 행동하는 사람들을 가까이 하자. 반대로, 핑계와 변명에 빠지도록 부추기는 사람들과는 얼굴을 마주하지 말자.

도로시 파커

29 지금 이곳이 가장 좋다__현재의 소중함

여자라는 것에 대하여

왜 그럴까, 내가 로마에 있을 때는
고향을 향해 한없이 눈길을 돌렸으면서,
정작 고향에 돌아왔을 때는
내 영혼이 이탈리아를 그리워하는 건?

나의 사랑, 나의 주인인 그대와 함께했을 때,
그토록 지루해 했으면서,
그대 일어나 나를 버리고 떠나니
왜 돌아오라고 그대 향해 소리를 지르는 걸까?

· · **도로시 파커(1893~1967)** 미국의 단편 작가이자 시인이며 비평가. 신랄한
위트로 유명하다.

도로시 파커의 특징인 재치 있고 영민한 스타일의 이 시는, 우리에게서 흔히 볼 수 있는 신경질적인 모습을 나타낸다. 갖기 전까지는 간절히 원하지만, 갖게 된 다음에는 그것을 원치 않는 우리의 특별한 경향에 대해 그녀는 시적으로 풀어내고 있다. 그것은 인간의 가장 큰 미스터리 중 하나이다! 왜 우리는 순간순간을 즐기지 못하고, 다른 곳을 편들면서 내가 서 있는 이곳을 고집스럽게 무시하는 걸까? 파커는 이 시에 '여자라는 것에 대하여'라는 제목을 붙였으나, 나를 포함한 내 친구들을 관찰해본 결과, '사람이라는 것에 대하여'라는 제목이 더 적절할 듯싶다.

우리 대부분은 현재에 완전히 몰두하지 못하는 병으로 고통 받고 있다. 그러나 현재는 우리 자신이 완전히 빠져들 수 있는 유일한 장소다. 우리는 왜 다른 곳에 가고 싶은 열망에 사로잡혀, 현재 이 순간, 인생의 가장 값진 날들을 다 허비하는 걸까? 과거에 대한 죄책감으로, 혹은 미래에 대한 염려 때문에, 또는 여기만 빼고 어디든 다른 곳으로 가겠다는 기다림 때문에, 우리는 지금 이 순간을 허비한다. 도로시 파커는 그런 우리의 성향을 이 짧은 시에서 아주 적절하게 지적하고 있다.

그것은 우리가 인생을 소중히 여기기보다 경시하는 태도를 가지고 살기 때문일 것이다. 이 딜레마를 푸는 길은 너무 간단해서 사람들이 쉽게 무시해 버리곤 한다. 바로 인생을 경시하지 말고 소중히 여기라는 것이다. 당신이 현재의 순간들을 어떻게 써 버리고 있는지, 마음 깊은 곳에서부터 깨닫겠다고 결정하면 된다. 로마에 가서 고향을 떠올린다거나, 혹은 그 반대의 경우일 때 스스로 주의를 환기하여 로마 깎아내리기를 멈춰라. 대신 그곳의 진가를 인정하려고 노력하라. 그것은 현재 이 순간, 여기서 충분히 머물지 못하게 하는 함정에서 당신을 구해 줄 것이다.

무언가 뛰어난 사람들에게서 내가 발견한 놀라운 특징 중 하나는, 과거뿐만 아니라 미래에 대해서도 철저하게 문을 닫아버린다는 점이다. 그들은 사람을 만나면 곧장 상대의 눈을 들여다본다. 그러면 상대는 자신이 충분히 관심을 받고 있음을 알게 된다. 그런 사람들은 살아가면서 걱정 같은 건 조금도 하지 않는다. 그들 중 한 명이 나에게 이런 말을 했다. "첫째, 자신이 통제할 수 없는 일에 대해 걱정하는 것은 이치에 맞지 않는다. 왜냐하면 걱정해 봐야 소용없는 일이기 때문이다. 둘째, 스스로 통제할 수 있는 일에 대해 걱정하는 것 또한 이치에 맞지 않는다. 왜냐하면 그 일은 이미 걱정할 필요가 없는 것이기 때문이다." 걱정하기로 마음먹으면 세상의 모든 일이 다 걱정거리다. 나는 이 메시지를 반복해서 곱씹을 필요가 있다고 생각한다.

마찬가지로 만약 내가 로마에 있다면, 나는 고향에 대해서는 전혀 통제할 수 없다. 그렇기 때문에 로마를 깎아내리고 고향을 추켜세우는 식의 선택을 해선 안 된다. 또한 내가 누군가와 함께 있다가 지루해진다면, 그것은 내가 함께 있는 사람을 깎아내리고, 단지 여기 없다는 이유로 다른 누군가를 추켜세웠기 때문이다. 그러므로 지루한 그 사람이 떠나더라도, 나는 똑같이 신경질적인 사고 과정을 되풀이하게 된다. 떠난 그 사람을 그리워하면서 혼자 남은 지금의 상태를 깎아내리는 것이다. 지금 이 순간의 진가를 습관적으로 인정하게 되면, 이 재치 있는 작가가 말한 딜레마들은 사라져 버린다. 이것은 매우 간단한 일로, 짧은 순간에 의식적인 결정을 내리는 것이다.

글 쓰는 작업에 전념할 목적으로 혼자 있을 때면, 이 시에서 말한 그런 함정에 나 자신도 모르게 빠지는 때가 있다. 식구들이 떠드는 소리가 방해되어 잠시 피해 나오면, 금방 식구들과 함께 있고 싶어진다. 하지만 다시 집으로 돌아가면, 글을 쓸 만한 조용하고 아무도 없는 곳으로 가고 싶어진다. 이 문제를 해결하는 방법은, 내가 무엇을 하고 있는지, 또 내 마음을 어떻게 사용하고 있는지를 간파하고 즉시 현재로 돌아오는 것이다.

나는 글을 쓰는 동안 주위에 있는 모든 것을 진지한 눈으로 바라본다. 주위 풍경을 둘러보고, 이렇게 창작할 수 있는 환경과 기회를 가졌음에 감사한다. 그러면 쓰는 일 자체가 굉장한 즐거움이 된다. 마찬가지로 집에 있을 때는, 아이들이 뛰어다니거나 이런저런 일들이 꼬리를 물고 계속 일어나더라도 절대 다른 곳으로 피하지 않는다. 나는 아내를 보면서 내가 여기 있는 게 얼마나 행복한지를 생각한다. 또 우리가 늘 당연하다고 느끼는 것들, 예를 들면 냉장고, 벽에 걸린 그림, 멍멍 짖는 개와 같은 것들에 대해서도 감사하는 마음을 느낀다. 이것은 모두 내 삶을 경시하는 쪽에서 소중히하는 쪽으로 방향을 전환하는 방법이다.

나는 도로시 파커의 신랄하고 날카로운 위트를 좋아한다. 그녀는 무척 풍자적이고 해학적인 사람이었다. 1934년에 캐서린 헵번의 연극을 보고 도로시 파커는 이렇게 평했다. "헵번은 A에서 B까지(C 까지 가지도 못하고) 감정의 전 영역을 헤매고 다녔다."「여자라는 것에 대하여」라는 이 시에서 역시, 그녀는 특유의 자기 야유가 섞인 수다스러운 듯한 말투로 이야기한다. 그러나 이 시는 온전한 인생을 사는 데 꼭 필요한 요소를 말하고 있다.

건강한 사람의 가장 두드러진 특징이 있다면, 다른 곳에 가고 싶다는 생각 없이 현재의 순간에 머문다는 것이다. 헨리 데이비드 소로는 "과거를 회상하는 데 한순간도 낭비하지 않는 자는 영원히 축복받은 자다."라고 썼는데, 나는 거기에 '미래를 기대하면서'라는 말을 조심스럽게 덧붙이고자 한다. 분명 과거는 있었지만, 그게 현재는 아니다. 분명 미래는 있지만, 그게 현재는 아니다.

현재는 하나의 미스터리이며, 당신도 그것의 일부다. '지금 여기'는 모든 미스터리가 숨어 있는 곳이다. 당신은 바로 지금, 여기 존재하는 이 귀중한 순간을 소중한 마음으로 사용할 수도 있고, 다른 곳을 바라보며 경시하는 마음으로 허비해 버릴 수도 있다. 현재는 지금 존재하는 모든 것이며, 지금까지 존재해 온 모든 것이다.

도로시 파커의 재치 있는 짧은 시를 다시 한 번 감상해 보자. 그리고 다음의 제안들을 현재의 순간에 실천해 보자.

✤ 지금 실천하기 ✤

● — 다른 곳으로 가고 싶은 생각이 들면, 지금 당신이 있는 곳에 소중한 마음을 가져 보자. 뭔가 계획을 세울 때는 철저히 그 과정을 즐기자. 현재 시간에 완전히 몰입하지 못하는 것은, 그 순간으로부터 달아나려는 나쁜 버릇 때문이다!

● — 경시하는 생각을 버리자. 지금 누군가와 함께 있는 것이 너무 지루하다면 다음과 같이 생각해 보자. "앞으로 몇 분 간, 이 사람을 있는 그대로 좋아해 봐야겠어." 비판적인 생각을 버리면 현재에 충실할 수 있다.

● — 식사의 각 단계를 그 자체로 즐겨 보자. 에피타이저를 먹으면서 디저트를 생각하지 말자. 마찬가지로 아침에는 일출을 즐기고, 낮에는 깨어 있고, 일할 때는 잠잘 생각을 하지 말라. 지금 여기에 있으라. 다른 곳은 없다.

30

시애틀 추장 외
도시에 보내는 인디언의 편지_환경 보호

(당신들의) 도시에는 조용한 장소가 없다.

봄날의 나뭇잎, 또는 벌레들의 날갯짓 소리를 들을 장소가 없다…… 인디언들은 연못의 수면을 스치는 부드러운 바람 소리, 한낮의 비에 씻긴 바람의 냄새, 식용 소나무 향내를 실은 바람의 냄새를 더 좋아한다.

피부 붉은 사람들에게 공기는 무엇과도 바꿀 수 없는 귀한 것이다. 짐승도, 나무도, 인간도, 살아 있는 것들은 모두 같은 공기를 호흡하기 때문이다.

여러 날에 걸쳐 서서히 죽어가는 사람처럼, 당신네 도시 사람들은 악취를 맡지 못하고 있다.

• • **시애틀 추장(1790~1866)** 인디언 수콰미시-두와미시족으로 퓨젓 사운드 지역 백인 정착자들의 친구였으며, 인디언 보호구역 지정과 땅의 양도를 골자로 하는 1855년 엘리엇 요새 조약 체결에 참여했다.

•

이 장을 아메리카 원주민의 살아 있는 지혜였던 분들에게 바친다. 그들은 자연계 안에 있는 모든 성스러운 것들에 대해 커다란 존경심을 보여 주었다. 그들이 남긴 글의 일부를 우리는 현재 읽고 나눌 수 있다. 나는 그 중, 아메리카 원주민들의 지혜와 평화에 관한 몇 가지 명상적인 글을 인용할 것이다. 이 장은 그들의 추억과 우리 살아남은 자들을 위한 장이다. 그들의 글은 환경을 깊이 사랑하고 존경한 결과 만들어진 유산이다.

● 시애틀 추장

시애틀 추장은 미국 대통령에게 보낸 유명한 편지를 쓴 사람으로 널리 알려져 있다. 그는 편지에서, 아메리카 인디언의 처지를 생각해 보라고 요구했다. 세상 어느 곳이나 그 땅에 사는 사람들에게는 그곳이 신성한 곳이며, 우리는 모두 그 귀중한 땅의 일부일 뿐만 아니라 영적으로 서로 형제들이라고 그는 말했다. 위에 인용한 구절에서 시애틀 추장은 우리에게 삶의 부드러운 소리와 달콤한 냄새들을 더 잘 느끼라고 말한다. 그렇게 하면 환경을 더 존경하는 마음으로 대하게 될 것이다. 자연의 아름다움 때문만이 아니라, 우리 모두가 서로 얽혀 있는 생명체임을 깨달을 수 있기 때문이다. 짐승도, 나무도, 인간도, 살아 있는 것들은 모두 같은 공기를 호흡한다.

● 오렌 라이언스

다음 글에서 오렌 라이언스는 자기 부족이 중요한 결정을 내리는 방법에 대해 말해 준다.

우리는 살아가거나 통치하면서 어떤 결정을 내릴 때 언제나 앞으로 올 일곱 번째 세대를 염두에 둔다. 앞으로 올 사람들, 아직 태어나지 않은 세대들이 우리보다 더 나쁘지 않은, 바라건대 더 나은 세상을 갖도록 살피는 것이 우리의 일이다. 어머니 대지 위를 걸을 때면 우리는 언제나 조심스럽게 발을 옮긴다. 우리 미래 세대의 얼굴들이 땅 밑에서 우리를 쳐다보고 있기 때문이다. 우리는 결코 그것을 잊지 않는다.

개발의 이름으로, 그리고 우리 시대가 부여한 권리의 이름으로 우리가 숲을 짓밟고 하늘을 오염시키기 전에 태어나지 않은 세대들을 생각했으면 좋겠다.

● 울프 송

모든 것은 순환의 고리를 이루고 있으며, 모든 생명체는 성스러운 순환계의 일부라는 사실을 우리가 상기했으면 한다. 아베나키 족의 울프 송이 말한 다음 내용처럼.

존경하고 존중한다는 것은 땅과 물, 그리고 식물과 동물들이 여기 있는 우리와 똑같은 권리를 가졌다고 생각한다는 뜻이다. 우리는 우월하지도, 전능하지도 않다. 우리는 진화의 꼭대기에 위치하고 있는 것이 아니다. 각각 자신의 목적을 이루기 위해 존재하는 나무, 바위, 코요테, 독수리, 물고기, 개구리와 마찬가지로 우리는 성스러운 생명 순환계의 일부분이다. 그들과 우리 모두는 성스러운 순환계 안에서 각각 주어진 임무를 수행하고 있다.

우리는 도시에 살면서 문명이라는 이름으로 우리의 고결함과 자연스러움을 잃어가고 있다. 우리는 소음과 더러움을 만들어 내며, 여러 장소에 밀려들어 살면서 우리의 영혼을 무디게 만들고 있다. 자연 속에 다시 태어나 이 성스러운 순환계를 직접 경험할 수 있다면 좋으련만.

● 워킹 버팔로
우리가 학교와 책을 통해 지식을 얻는 반면, 워킹 버팔로(타탕가 마니 ; 완고한 인디언)는 대지와 자연과 친숙한 주변 환경에서 지혜를 얻었다. 그는 이렇게 말했다.

나는 백인들의 학교를 다녔다. 교과서와 신문과 성경을 통해 읽는 법을 배웠다. 그러나 때가 되자 나는 이런 것들은 충분치 않다는 것을 알게 되었다. 문명인들은 인쇄된 것들에 너무 의존한다. 그 대신 나는 세상의 모든 창조물인 '위대한 영' 이라는 책으로 돌아섰다. 자연을 공부한다면 당신도 그 광대한 책의 한 페이지를 읽을 수 있으리라. 종이로 된 책을 태양 아래 널어놓아 보라. 눈, 비와 곤충들이 당신의 책을 어떻게 만드는지 보라. 남아나는 것은 하나도 없을 것이다. 그러나 '위대한 영' 은 당신과 나에게 숲, 강, 산, 우리를 포함한 모든 동물을 자연이라는 대학에서 연구하게 해 준다.

그는 우리에게 창조 활동 전체를 깊이 생각하고, 우리의 발이나 손, 심장처럼 서로 긴밀히 연결되어 있는 모든 생명체와 자연 전체를 껴안으라고 말한다. 그의 말을 따르려면, 우리는 우리 이외의 것들과 분리되어 있다는 느낌, 그리고 시간과 공간 속에 제한되어 있다는 생각을 버려야 한다. 이 아메리카 원주민은 "어느 곳이든지 세상의 중심이 아닌 곳은 없다. 어느 것이든지 신성하지 않은 것은 없다."고 믿고 있다.

● 루서 스탠딩 베어

우리가 문명이라는 이름으로 '문화' 와 '개척' 을 시도하기 훨씬 전에, 인디언들은 우리가 살고 있는 이곳에 살았다. 그들은 우리에게 영성을 강화하고, 신과의 관계를 복원하라는 메시지를 보내고 있다. 아메리카 인디언들은 '와칸 탄카' 라는 신을 섬기는데, 모든 생명체가 이 영적인 실재를 그 안에 지니고 있다고 믿는다. 바람이나 흐르는 구름은 움직이고 있는 와칸 탄카이다. 그들은 흔히 볼 수 있는 막대기나 돌멩이에도 존경심을 갖는다. 모든 것은 우주의 신비로운 힘이 겉으로 드러난 형태라고 믿기 때문이다. 오글랄라 시우스족의 추장인 루서 스탠딩 베어는 그 사상을 다음과 같이 시적으로 표현했다.

> 인디언은 경배하기를 좋아한다.
> 태어나서 죽을 때까지 인디언은 숭배한다.
> 주위에 있는 모든 것들을.
> 그는 생각한다. 자신이 어머니 대지의
> 호사스런 무릎에서 태어났으며
> 자신에게 척박한 땅은 없다고.
> 그와 성스러운 위대한 영 사이에는
> 아무것도 없다.
> 그 관계는 깊고 내밀하며
> 하늘에서 내리는 비처럼
> 인디언의 머리 위로 쏟아져 내리는
> 와칸 탄카의 축복이다.

당신의 인생이 얼마나 평화롭고 즐거울 수 있느냐는 당신이 주변의 모든 사물에게 존경심을 가질 수 있는가에 달렸다. 나는 그

'성스러운 위대한 영'과 내밀한 관계를 맺는다는 생각이 좋다. 우리 모두는 자신의 삶에서 그런 관계를 새롭게 맺어 나가길 바랄 것이다. 루서 스탠딩 베어는 다음과 같이 권유한다. 깊은 존경심을 가지고 세상을 바라보라. 그리고 다른 사람들에게도 그렇게 해 보라고 권하라.

● 워킹 버팔로

다시 워킹 버팔로의 지혜를 이야기한다. 야생의 자연 속에 살기 위해 도시의 생활방식을 버리라는 말은 억지스럽게 느껴질 수도 있다. 물론 현대생활은 우리에게 많은 것은 제공해 준다. 우리가 머무는 곳은 확실히 이곳 도시다. 나쁜 점도 있지만 좋은 점 또한 많은 곳이다. 하지만 도시에서의 생활 태도는 우리가 자연 법칙에 따라 영적 조화를 이루는 걸 방해한다.

워킹 버팔로는 1967년에 96세의 나이로 죽었다. 그는 자연과 도시, 두 세계를 두루 보며 살았다. 그리고 우리에게 이런 말을 남겼다.

언덕은 언제나 돌로 지은 빌딩보다 더 아름답다는 걸 아는가. 도시의 삶은 인공적인 생존이다. 많은 사람들이 발밑에 있는 진짜 흙을 거의 느끼지 못한다. 화분 말고는 식물이 자라는 걸 보기도 어렵다. 별들이 점점이 박힌 밤하늘의 매혹적인 모습을 보기 위해 멀리 도시의 불빛이 없는 곳까지 가기도 힘들다. '위대한 영'이 만든 장면에서 멀리 떨어져 살게 되면 그 영의 법칙을 잊어버리기 쉽다.

그는 우리에게 이사하라는 것이 아니라 잊지 말라고 이야기하는 것이다. 모든 생명체의 성스러움을 잊지 말고, 이 성스러운 순환고리의 굴렁쇠 안에서 자연의 법칙이 어떻게 작용하는지 언제나 기억하라고 말이다. 어디에 살든지, 지금의 환경이 어떻든지, 자연의 법칙은 작동하고 있다. 공기, 물, 나무, 광물, 구름, 동물, 새, 그리고 벌레까지 모든 것은 생명을 간직하고 있다. 자연의 법칙에 큰 존경심을 가지고 수천 년을 이 땅에 살아 온 우리 조상들에게 관심을 기울이자. 이것이 오늘날 우리가 생태학적 지식이라고 부르는 것이다. 아메리카 원주민은 앞으로 올 일곱 세대를 생각했다. 그랬기 때문에 생명의 무한한 가치를 보존해 왔을 것이다. 아메리카 인디언의 시는 우리에게 그 불꽃을 다시 지피라고 한다. 이것을 깊이 생각해 보고 일상생활에 이 오랜 지혜들을 받아들이도록 하자.

오지부아이의 기도를 마지막으로 인디언들이 우리에게 보내는 메시지를 끝맺으려 한다. 이 기도를 잘 읽고 매일매일 새롭게 받아들여 생활하라.

할아버지,
깨어진 우리들을 보십시오.
우리는 알고 있습니다,

모든 창조물 중 오직 인간만이
성스러운 길을 벗어나 방황하고 있다는 걸.
우리는 알고 있습니다,
우리는 하나여서 나뉠 수 없다는 걸.
또한 우리는 하나여서
그 성스러운 길을 걷기 위해
함께 돌아가야 한다는 것을.
할아버지,
성스러운 분이시여,
우리에게 사랑을, 자비를, 영예를 가르쳐 주소서.
우리가 이 땅을 치유할 수 있게
그리고 서로를 치유할 수 있게.

아메리카 원주민 현자들의 핵심적인 메시지를 생활화하기 위해, 오늘부터 다음과 같이 시작하자.

✤ 자연에 감사할 것 ✤

● ─ 당연하게 여긴 많은 것들에 대해 끊임없이 감사하는 마음을 갖고 주변의 사물을 존경하자. 짐승, 햇빛, 비, 공기, 나무, 그리고 땅에게 날마다 조용히 감사 예식을 올리며 축복해 주자.

● ─ 환경 단체에 가입해 활동하면서 매일 생태학적 지식을 쌓아 가자. 오염을 줄이고, 쓰레기를 없애고, 재활용하려는 노력을 의식적으로 하자. 당신은 개인적인 노력을 통해서, 대지와 우주의 생명체로 이뤄진 성스러운 그물망에 대한 존경심을 끌어낼 수 있다.

● ─ 자연의 소리를 듣고, 땅을 맨발로 걸으면서 자연 속에서 보내는 시간을 더 많이 갖자. 그럼으로써 생명을 유지해 주고 지탱해 주는 모든 것에 당신을 다시 연결하도록 하라.

● ─ 모범을 보이며 살자. 사람들이 쓰레기를 버린다고 탄식하기보다는 알루미늄 캔을 주워 분리 수거를 하자. 특히 어린아이들에게 그런 행동을 보여 주라.

● ─ 오지부아이의 기도를 외우자. 이 기도는 당신이 매일의 생활 속에서 사랑, 자비, 영예를 품고 살아가게 해 줄 것이다. 땅이 치유되고, 서로가 서로를 치유하도록 노력하자.

4부

깨달음의 지혜 *Wisdom of the Ages*

31

존 밀턴
시간을 비웃어라_영원

시간에 대하여

질투심 많은 시간이여 쏜살같이 흘러라,
그대의 경주를 마칠 때까지.
납덩이같이 걷는 게으른 시간들에게 소리쳐라,
무거운 추가 걸어도 그보다는 빠를 것이라고.
그대, 시간의 자궁이 삼키는 것들로 실컷 배를 불려라.
그것은 부실하고 헛된 것일 뿐.
없어져야 할 쓰레기일 뿐.
우리가 잃은 것도 없고 그대가 얻은 것도 없나니.
하나하나가 다 악한 것들이어서 그대가 묻혔을 때,
그리고 결국 그대의 게걸스런 모습이
차츰 스러져 버렸을 때,
그때 오랜 영원이 제각기 다른 입맞춤으로
우리의 행복을 맞아 주리라.
기쁨은 홍수처럼 우리를 덮칠 것이다.

그때는 모든 것이 진실로 선하고
완벽하게 신성하리라.
그는 홀로 행복을 만들 것이며
가장 높은 곳에 있는 그의 왕좌 주변에서
진실과 평화와 사랑으로 영원히 빛날 것이다.
천상의 인도를 받은 영혼이 승천할 때,
이 지상의 모든 조잡한 것들은 떠나고,
우리는 별들로 장식하고서 영원히 앉아 있을 것이다,
죽음과 운명, 그리고 오 시간이여, 그대를 이겨내고.

'인간에게 적대적인 시간'이라는 주제는 휴먼 드라마를 쓰는
사람들, 특히 시인들 사이에서 매우 인기가 있다. 존 밀턴은 그런 시
인들 중에서도 가장 위대한 사람으로 평가받는다. 후세 사람들은 자
신들의 삶에 가장 큰 영향을 끼친 작가로, 17세기 문학의 천재이자
『실락원』의 저자인 밀턴을 꼽는다.

시간에 관한 인간적인 딜레마는 여전히 계속 논의되고 있는 주
제인데, 이는 육신이 쇠약해지고 파괴되는 것을 시간의 경과 탓으로

• • **존 밀턴(1608~1674)** 영문학에서 가장 유명하고 가장 존경받는 인물 중 한
사람으로, 많은 시와 산문을 남겼다.

돌리기 때문이다. 육신으로서의 인간은, 그 실체를 한 문장으로 요약할 수 있다. '우리는 모두 늙으며 결국 죽는다.' 이것은 17세기의 눈먼 시인도, 현세의 유명한 배우도, 엄청난 권력을 가진 사람도, 아테네의 가정주부도 다 마찬가지다. 좋든 싫든, 이것이 우리의 진실이다. 존 밀턴은 그의 시에서 이 기본적인 진실을 인정한다.

그러나 그는 이 막강해 보이는 시간의 힘 너머에 가 보려고 애썼다. 그는 시간의 흐름을 막을 수 있는 방법에 대해 이렇게 말한다. "영원으로 들어가라. 그러면 영혼을 위한 따뜻한 영접과 행복, 은총, 구원의 열쇠가 우리를 기다리고 있을 것이다." 밀턴은 시간을 '그의 자궁이 삼킨 것으로 실컷 배불리면서' 돌아다니는 존재로 묘사했다. 그러나 시간이 삼키기 위해 거두어 가는 모든 것은 잘못된 것, 헛된 것, 그리고 죽어 없어질 찌꺼기일 뿐이라고 시적으로 설명한다. "우리(인간들)가 잃은 것도 없고, 그대(시간)가 얻은 것도 없나니."

그는 영원이 키스로 우리를 맞아 줄 것이라며, 시간의 손아귀를 탈출한 기쁨을 묘사한다. 영원을 통해 우리는 영원한 진리와 평화와 사랑을 만난다. 밀턴은 결론 부분에서 아름답게 노래한다. "우리는 별들로 장식하고서 영원히 앉아 있을 것이다, 죽음과 운명, 그리고 오 시간이여, 그대를 이겨내고."

나는 그의 결론에 감탄한다. 나이 들어 죽는 것은 피할 수 없는 삶의 과정이다. 밀턴은 죽음의 두려움에서 해방되기 위한 유일한 방법을 말한 것이다.

밀턴은 사십대 초반에 시력을 잃었다. 그래서 시를 직접 쓰지 못하고 다른 사람이 받아써야만 했다. 그때는 이런 일이 오늘날보다 훨씬 더 어려웠다. 그는 '시간'이 자신의 인생을 잠식하고 있다는 걸 느꼈다. 나는 밀턴의 모습을 떠올려 본다. 그는 아마 돌로 된 차가운 방에 앉아, 눈먼 채로 다른 사람에게 받아쓰기를 시켰으리라. 자신의 말이 기록되는 소리를 들으며, 이것이 지상에서의 운명을 이겨낼 유일한 수단임을 감지하고 깊은 만족감에 빠졌을 것이다. 조심스럽게 그의 글을 읽어 보자. 시간의 희미한 속삭임을 들을 수 있을 것이다. "너는 그저 나이 들어 죽음을 맞이하게 될 뿐이다."

물질세계에 있는 모든 것은 끊임없이 변하고, 우리 감각으로 경험하는 것들은 시간의 손아귀에 단단히 잡혀, '그 게걸스런 모습이 차츰 스러져 버리고' 있다. 때문에 죽은 후 영원이 개인에게 주는 키스를 기다리지 말고, 지금 '이 지상의 조잡한 모든 것들을 떠나' 기쁨을 느껴야 한다. 나는 우리가 시간의 흐름을 포용하면서 날마다 진리와 평화와 사랑 안에서 살 수 있으며, 무서워하기보다는 미소 지으며 맞을 수 있다고 믿는다. 그럼으로써 우리는 콧대 높은 모습으로 시간을 대할 수 있다. 우리의 정체성은 시간이 아니라 영원한 사랑과 진리와 평화 안에 있다. 우리 내부의 영원한 존재는 나이를 먹지 않으며, 죽음에 대한 두려움도 없다.

나는 내 안에 있는 영원한 존재가 지닌 진리와 사랑과 평화로써 시간에게 말을 걸 수 있다는 사실이 즐겁다. 영원을 즐기기 위해 죽음을 기다려야 한다고는 생각지 않는다. 그리고 지금 나에게 가능한 만큼의 진리와 평화와 사랑을 기대하면서 살고 있기 때문에 매일 그 승리를 자축한다. 밀턴이 말하는 기쁨은 바로 내 것이다. 미래의 어느 순간에서가 아니고 바로 지금!

자신의 육체와 그것이 소유한 모든 것에 대해 곰곰이 생각해 보자. 그것을 평화로운 마음으로 한번 비웃어 보자. 시간이 단지 그것들을 당신에게 잠시 빌려 준 것이다. 여기 당신보다 이 세상에 먼저 온 위대한 사람의 시를 읽어 보면, 이 주제에 대해 거듭해서 얻는 게 있을 것이다. 우리는 죽음과 삶, 기회와 선택 사이에 치열한 전투가 벌어진다고 생각한다. 그렇다, 시간과 영원 사이도 마찬가지다. 하지만 당신은 지금 여기에 있고, 그것을 전쟁터라고 생각하지 않을 수 있다. 대신 시간으로 평화를 만들어 내자. 시간이 하는 일들을 비웃어 주자. 그 웃음은 당신이 시간의 희생자가 되지 않도록 할 것이다.

밀턴이 수세기 전에 눈멀고 나이든 육체를 통해 우리에게 전해 주는 메시지를 느껴 보자. 그것은 하나의 승리감이다. 우리의 행복이 살고 있는 곳에 영혼도 살고 있다. "우리는 별들로 장식하고서 영원히 앉아 있게 될 것이다." 그 '영원' 에는 지금이 포함되어 있다!

진리와 평화와 사랑의 영원함을 따른다면, 우리는 시간의 얼굴을 똑바로 쳐다보면서 이렇게 말할 수 있을 것이다. "나는 당신이 두렵지 않다. 나는 영원하고 당신은 나를 건드릴 수 없기 때문에."

✤ 세 가지 덕목 ✤

● — 진리. 자신이 공감하는 진리대로 살아 보자. 자신이 어떤 상태에 처해 있는지, 다른 사람들의 의견은 무엇인지 상관할 필요가 없다.

● — 평화. 자신과 주위 사람들에게 언제나 내적, 외적 평화를 가져다 주는 일을 하겠다고 결심하자.

● — 사랑. 가능한 한 자주 사랑의 힘을 발휘하고 미움, 비판, 분노의 생각이 튀어나오는 것을 느낄 때마다 그것들을 제압하자.

32

윌리엄 제닝스 브라이언
수박씨의 위대한 힘 _ 생명

깊이 생각해 볼 점들

나는 수박씨의 힘을 관찰해 본 적이 있다. 수박씨에는 흙을 밀어젖히고 나오는 힘이 있다. 자기보다 20만 배나 더 무거운 것을 뚫고 나오는 것이다. 수박씨가 어떻게 이런 힘을 내는지 알 수 없다. 도저히 모방할 수 없는 색을 껍질 바깥으로 우러나오게 하고, 그 안쪽에 하얀 껍질, 그 안쪽에 다시 검은 씨가 촘촘히 박힌 붉은 속을 만들어 낼 수 있는지 나는 알 수 없다. 그 씨 하나하나는 또다시 차례차례 자기 무게의 20만 배를 뚫고 나올 것이다. 이 수박씨의 신비를 설명할 수 있다면, 나도 신의 신비를 설명해 주겠다.

• • **윌리엄 제닝스 브라이언(1860~1925)** 미국의 정치가이자 웅변가로 야외 문화 강연회인 셔토쿼의 인기 강사였다. 그는 유명한 스콥스 재판의 검사로 더 많이 알려져 있다.

수박씨의 힘에 대한 윌리엄 제닝스 브라이언의 이 글을 읽을 때마다, 나는 모든 사물과 사람에게 깃들어 있는 끝없는 기적에 대해 깊은 경외와 감사를 느끼곤 한다. 브라이언은 비록 시인이나 철학자는 아니지만, 인생의 신비에 대한 이 한 편의 글 때문에, 그리고 그 글이 우리에게 전하는 메시지 때문에 나는 그를 이 선집에 포함시켰다.

브라이언은 생전에 감동적인 웅변으로 유명했다. 그는 미국 대통령 경선에 세 번이나 도전했다가 근소한 차로 떨어졌고, 윌슨 대통령 밑에서 상원의원으로 일하기도 했다. 하지만 사람들의 뇌리에 가장 인상 깊게 남아 있는 모습은, 1925년 유명한 스콥스 재판에서의 활약상일 것이다. 그 재판에서 그는 성경을 문자적으로 해석해야 한다는 뛰어난 웅변으로 신성한 창조의 교리를 변호했다.

그러나 이 에세이는 창조론이나 다윈주의에 대한 이야기가 아니다. 이것은 생명의 놀라운 신비에 대해서, 그리고 삶의 가치를 날마다 드높이는 것에 대해서 가르치고 있다. 수박씨 하나에 들어 있는 힘은 보이지 않으나 그 존재는 부정할 수 없다. 그것은 "자기보다 20만 배나 더 무거운 것을 뚫고 나올 수" 있으며, "도저히 모방할 수 없는" 것을 완벽히 창조해 내고 있다. 그것은 실로 놀라운 힘이다.

우리는 그 창조성을 간단하게 설명할 수 없다. 수박씨가 하는 일을 우리는 도저히 할 수 없다. 모든 씨앗 안에는 생명을 만들어 내기 위한, 한 치의 오차도 없는 힘이 들어 있다. 수박씨는 호박이나 사과를 만들어 내는 실수를 결코 저지르지 않는다! 아무도 보거나, 만

지거나, 냄새 맡거나, 듣거나, 맛볼 수 없는 이 힘은 완벽하다. 이 보이지 않는 힘을, 더 나은 이름이 없으므로 '미래의 힘'이라고 부르자. 씨앗에 담긴 이 미래의 힘은, 이 세상 어느 곳, 어느 순간에 살고 있는 모든 인간의 탄생과도 관계가 있다! 당신을 포함해서 말이다. 여기에도 결코 실수는 없다. 모든 사람은 그 신비스런 미래의 힘이 지시하는 대로 제 시간에, 제 순서에 맞춰, 정확하게 모습을 드러내고, 스케줄에 따라 떠나도록 결정되어 있다.

그러나 수박씨와는 달리, 우리는 거대한 패러독스에 빠져 있다. 우리 역시 수박과 마찬가지로 씨앗의 세포 구조 속에서 운명지어진 동시에, 자유의지와 선택의 능력을 소유한 생명체인 것이다. 그러므로 우리에 관한 신비는 수박씨의 신비를 훨씬 넘어선다. '선택을 하도록 운명지어져 있는 존재'라는 역설을 곰곰이 생각해 보라.

브라이언과 동시대 사람인 스코트 피츠제럴드는 이 역설을 다음과 같이 표현했다. "최고의 지성은 서로 반대되는 두 가지 생각을 동시에 하면서, 각각의 생각이 제 역할을 다하도록 한다. 예를 들어, 어떤 일이 가망 없다는 걸 알고 있으나 그 일을 좀더 낫게 해보겠다고 결정할 수 있어야 한다." 브라이언이나 피츠제럴드는 우리에게 공통의 교훈을 준다. 즉, 우리 몸이 나이 들고 죽도록 예정되어 있다는 걸 명확히 알면서도, 동시에 계속 살아가기를 선택하라는 것이다. 그러므로 우리는 책임이 있기도 하고 없기도 하다. 그리고 이 반대되는 두 가지 사실은 동시에 옳다.

이런 마음을 가진다면, 우리 자신과 주변의 모든 것들에 무슨 일이 일어날지 걱정하지 않아도 된다. 무슨 일이 일어날지는 수박씨 안에 있는 것과 똑같은 미래의 힘에 달렸다. 그리고 우리는 사랑과 포용의 마음으로 공포에서 벗어나 이 신비로운 일이 일어나는 것을 바라보면 된다.

우리는 이제 육체를 포함한 모든 것을 초연함으로 즐겁게 바라볼 수 있다. 이 책에 나오는 모든 시인과 사상가들은 불멸의 인간에 대해 다음과 같이 이야기한다. "우리 감각으로 경험할 수 있는 생명이 있고, 우리 감각 너머 보이지 않는 곳에 존재하는 또 다른 힘이 있다." 우리는 신비로운 미래의 힘을 깨닫고 감사하는 마음을 가질 것인지, 아니면 비판하며 혼란스러워할 것인지 판단해야 한다.

수박씨의 수수께끼를 곰곰이 생각해 보면, 똑같은 미래의 힘이 우리 안에도 있다는 것을 깨닫게 된다. 우리는 씨앗보다 수백만 배나 더 위대한 모습을 창조해 내었다. 우리는 수박씨보다 훨씬 더 많은 것을 알고 있다. 또한 우리는 수박씨와 달라서, 우리의 형체가 규정된 길을 따라 간 후에는 먼지로 돌아가리라는 것을 알고 있다. 우리는 모든 선물 중 가장 큰 선물을 가지고 있다. 이 모든 것을 생각할 수 있는 이성, 우리의 짐을 즐거워하거나 힘겨워할 수 있는 이성 말이다.

미래의 힘을 받아들이고, 내부에 있는 실제적 수용자의 존재를 기억하라. 그것은 지휘센터 자체가 아니라, 그 안에 있는 지휘자이다. 그는 경계도, 시작과 끝도 인정하지 않는다. 우리는 신의 신비를 굳이 설명할 필요가 없다. 하나의 작은 씨앗 안에 담겨 있는 미래의 힘조차도 어찌할 수 없기 때문이다. 이 존재를 알기 위해, 우리 내부에 있는 그 존재를 느끼기 위해, 그리고 그 모든 것과 연결되어 있다는 느낌을 즐기기 위해 더욱 현명해져야 한다.

운명이라는 것에 대해 어떤 의견을 가져야 할지 혼란스러워하지 말고, 마음을 비운 채 동시에 존재하는 두 가지 정반대의 생각을 흔쾌히 간직하라. 우리는 경계가 있는 몸 안에 살고 있다. 그리고 동시에 경계가 없는 내부 세계에 살고 있다.

✣ 소중한 생명 ✣

● ─ 비판하거나 걱정스런 생각이 들 때마다 마음을 바꾸어 보자.
"지금 이 순간이 기적이며, 내 주위에 있는 모든 것이 기적이다." 이렇
게 긍정적으로 말하면, 걱정보다 감사하는 마음이 들 것이다.

● ─ 모든 것은 질서를 이루고 있음을 잊지 말라. 수박의 씨앗, 당신
을 탄생시킨 씨앗, 우주를 탄생시킨 씨앗은 모두 미래의 힘을 그 안에
담고 있다. 이 지성적인 시스템 안에는 당신도 포함되어 있다. 그것에
의문을 갖거나 밝혀 내려 하지 말고 신뢰하라.

● ─ 삶에 관해서, 그리고 삶을 꾸리는 방법에 대해서 계산하려는 마
음을 버리자. 있는 그대로 자신을 인정하고, 삶의 원천인 미래의 힘에
끌려 가자. 그런 식으로 맛좋은 수박을 즐기자.

33 로버트 브라우닝
봄날 아침의 기적_완전한 우주

계절은 일 년 중 봄.

때는 하루 중 아침.

시간은 일곱 시.

언덕 기슭엔 진주 이슬이 방울방울 맺히고

종달새 날개 퍼덕이고

달팽이는 가시나무 위를 기고 있네.

하느님은 하늘 위에 계시니

온누리 태평하여라.

• • **로버트 브라우닝(1812~1889)** 영국 시인 로버트 브라우닝과 엘리자베스 배릿의 사랑 이야기는 〈윔폴 거리의 배릿 집안〉이라는 희곡으로 만들어지기도 했다. 그는 섬세한 시들을 쓴 지 40년 만에 『반지와 책』을 출간해서 엄청난 성공을 누렸다.

로버트 브라우닝과 그 못지않게 유명했던 아내 엘리자베스 배럿 브라우닝은 빅토리아 시대의 시인들로, 그들의 시와 희곡은 영적이고 형이상학적인 낙관주의 때문에 비난을 받았다. 그가 죽은 지 100년도 더 지난 지금, 로버트 브라우닝의 8행짜리 명작은 생전에 그렇게도 그를 괴롭혔던 형이상학적 낙관주의를 반영하고 있다. 브라우닝은 우주의 장엄함과 완전함에 대해 말한다. 그는 이 시를 통해 "주위를 돌아보라. 모든 것은 당연히 존재해야 할 그곳에 존재하고 있다."라고 말하는 듯하다.

　　만약 당신이 브라우닝을 올바르게 평가한다면, 봄날과 아침이 기적으로 보인다는 데 동의할 것이다. 그것들은 새로운 생명의 탄생을 상징한다. 심장은 임신 뒤 몇 주 만에 엄마의 자궁 안에서 뛰기 시작한다. 이 사실을 놓고 가장 위대한 과학적, 비판적 관찰자들은 의문에 휩싸인다. 그 생명은 이전에는 어디에 있었는가? 다음에는 어디로 가는가? 무엇이 이것을 시작하게 만들었는가? 무엇이 이것을 멈추게 하는가? 왜 시작하고 멈추는가? 이런 질문들은 비판자들을 난처하게 만들고, 이처럼 위대한 시의 원천이 된다.

　　'두려움' 보다 '경외'를 느끼며 살고 싶다면, 브라우닝의 시에서 단순한 진실을 발견해 보라. 시인이 땅 속에 묻혀 있을지라도 이슬은 여전히 산허리를 덮는다. 종달새는 무덤 위를 날아가며, 하느님은 하늘나라에 있다. 세상 모든 것이 무사태평하다.

　　우리는 자신이 이 세계와 연결되어 있다고 보는 것이 아니라, 세상이 우리의 편리를 위해 돌아가는 것이라고 생각하는 경우가 많다. 이 세계를 받아들이기보다는, 이기적 자아를 만족시키기 위해 대량 파괴를 일삼으며, 불균형적이고 불완전한 것들을 만들어 내면서 세계를 왜곡한다. 신에게서 선물받은 완전무결한 세상에 흠집을 내고는, 그 결과를 가지고 신을 비난한다. 시인은 우리에게 평화 속에 머물며, 세상을 비판하지 말고 관찰하라고 말한다. 곧게 펴려고 하지 말자. 구부러진 것이 지닌 완벽함을 받아들이자. 그리고 그것과 조화를 이루며 살자. 문제를 만들어 내지 말자. 그 모든 것들의 완벽함을 경외하면서 살자.

다른 글에서 로버트 브라우닝은 "보석의 심장 속에는 놀라움과 풍족함이 모두 들어 있다. 진주 한 알 속에는 바다의 그늘과 햇빛이 모두 담겨 있다 …… 진실, 그것은 보석보다 더 빛난다. 믿음, 그것은 진주보다 더 순수하다."고 말했다. 그는 우리에게 새로운 눈으로 세상을 보라고 요구한다. 경이에 가득 찬 눈으로 우주 공간 구석구석에 존재하는 기적을 보라고. 보석과 진주라 불리는 물질적 존재를 초월하여 고마움에 젖은 눈으로 진실과 믿음을 발견하라고. 비난을 버리고 눈부신 세상에 초점을 맞추면, 두려움과 걱정 혹은 스트레스로 가득 찬 날들을 언제든지 바꿀 수 있다.

세상이 완벽하다고 말한다면, 불완전한 것을 많이 찾아내고 싶어하는 사회 비평가들은 분노할 것이다. 그들은 세상이 모두 잘못되어 있다는 데 초점을 맞추고, 우리한테 세상의 불완전함에 절망한 수많은 사람들의 일부가 되라고 부추긴다. 로버트 브라우닝처럼 "세상은 모두 무사태평하다."고 말하는 사람들에게 그게 얼마나 터무니없는 생각인지 말해 줄 회의론자들이 아마 한 트럭은 있을 것이다. 빅토리아 시대에도 비평가들은 세상이 무사태평하지 않다는 증거로서 노예제도와 경제적 재난과 전쟁을 지적했다. 하지만 브라우닝은 인간이 만든 세상 그 너머를 보기로 했다. 이것은 내가 당신에게 권하는 일이기도 하다.

당신이 속해 있는 우주의 완벽함을 바라보자. 사람들의 의견과는 상관없이, 지구는 끊임없이 궤도를 돌면서 우주 공간을 날아다닌다. 우리의 하루하루는 언제나 '아침 중에서도 일곱 시'이다. 끊임없는 실패와 도전을 반복한 모든 사람들 역시 여전히 '아침 중에서도 일곱 시, 언덕 기슭엔 진주 이슬이 방울방울 맺혀 있는' 상태에 있다. 이것은 세상의 잘못된 점에서 완전함으로 시선을 바꾸는, 실로 간단한 방법이다.

예를 들어, 번개로 인해 사방에서 일어나는 산불에 대해 생각해 보자. 그것은 생태학적 균형을 적절하게 유지하기 위한 것으로 불가피한 일이다. 우리는 신이 숲을 태워 버리거나, 허리케인을 일으키거나, 혹은 땅을 뒤흔들어 지진을 초래하면 안 된다고 말한다. 그런 일들은 일어나지 말아야 한다고 생각한다. 하지만 그 일들 역시 모든 사물 자체가 지니고 있는 완벽함의 일부분이다. 좀더 넓은 시야로 바라보면, 혼돈 속에서 완벽함을 깨닫게 될 것이다.

평화로운 삶을 사는 방법은 신의 세계에 있는 완전함, 그리고 우리 자신 안에 있는 완전함을 주시하면서 시야를 넓히는 것이다. 로버트 브라우닝의 아내 엘리자베스 배릿 브라우닝은 「나의 케이트」라는 2행짜리 시에서 이 모든 내용을 산뜻하게 묶어 냈다. "빈약한 사람과 할 일이 없는 사람, 교양이 없고 거친 사람, 그녀는 그들을 보자마자 데려다가 하나같이 잘 대접했다." 경이로움으로 눈을 크게 뜨고 둘러보면, 그리고 눈에 보이는 모든 것들을 신에게서 받은 선물로 생각하고 감사하면, "하느님은 하늘 위에 계시니, 온누리 태평하여라."라고 쓴 시인의 말을 이해하게 될 것이다.

이 형이상학적 낙관주의를 채택하려면 다음과 같은 일을 하라.

✢ 아름다운 우주 ✢

● ― 주위의 모든 것에 경외심을 갖고 그 마음을 5분 동안 유지해 보자. 밖으로 나가 주변에서 일어나는 수많은 기적에 관심을 가져 보자. 하루 5분 간의 감사 요법은 삶을 경외하는 데 도움이 될 것이다.

● ― '완벽'을 늘 쓰는 어휘로 삼자. 예수님이 "너희는 완벽하게 되어라, 하늘에 계신 아버지께서 완벽하신 것처럼."이라고 말했듯이. 세상과 자신을 늘 비판하고 개선하려는 관점에서 이해할 필요는 없다. 완벽을 향유하는 것은 위인들의 지혜를 활용하는 방법이다.

● ― 이슬, 종달새, 달팽이처럼 우리 자신도 굉장한 기적이라는 사실을 기억하자. 자연과 자신이 연결되었다는 것과 자신의 신성함을 믿고 자신을 가치 있게 여기자. 어디에나 신이 있다는 것을 기억하라.

선(禪) 화두

34 장작을 패는 두 가지 방법_깨달음

깨닫기 전
장작을 패고 물을 긷는다.

깨달은 뒤
장작을 패고 물을 긷는다.

　　일반적으로 깨달은 상태라고 하는 높은 정신적 경지를 연구할 때마다, 이 간단한 화두는 나에게 큰 기쁨의 원천이 된다. 우리는 깨달음이라는 난해한 개념에 대해 보통, 올바른 정신적 훈련을 통해 열심히 정진한다면 언젠가는 성취하게 될 의식 상태라고 생각한다. 우리가 깨달음을 얻으려는 이유는, 완전한 깨달음을 얻으면 모든 문

　•·선(禪) 화두 6세기 중국에서 생겨나 오늘에 이르기까지 널리 퍼진 선불교는 가능한 한 가장 직접적인 방법으로 깨달음을 얻으라고 강조한다.

제가 사라지고 순수한 기쁨을 누리게 되리라는 기대 때문이다.

그러나 이 유명한 화두에서는 그와는 좀 다른 메시지를 던지고 있다. 깨달음이란 노력하여 이룩하는 것이 아니라 자연스럽게 도달하는 것이라고 말이다. 일단 이 앎에 도달하면 모든 것이 변화된 것처럼 보이나 실제 변화는 전혀 일어나지 않는다. 그것은 마치 눈을 감고 인생을 살다가 갑자기 눈을 뜬 것과 같다. 이제 볼 수 있지만 세상이 바뀌진 않은 것이다. 단지 새로운 눈으로 그것을 볼 뿐이다. 장작을 패고 물을 긷는다는 이 화두는, 깨달음이란 히말라야 산맥 저 위에 있는 동굴에서 가부좌를 틀고 앉아야 시작되는 것이 아니라고 말한다. 그것은 구루(힌두의 스승)나 책에서, 또는 공부 과정에서 얻어지는 것이 아니다.

나에게 깨달은 상태란, '무언가에 깊이 몰입해 있는 상태, 내 삶의 모든 순간이 평화에 싸여 있는 상태'라는 매우 기본적인 개념이다. 만약 내가 걱정하거나 두려워하고 긴장하면, 바로 그 순간 깨달음의 경지에 도달할 수 있는 잠재력을 깨닫지 못하게 된다. 나는 이런 불안정한 순간을 아는 것이 깨달음을 얻는 방법 가운데 하나라고 믿는다. 깨달은 사람과 무지한 사람의 차이는, 자신이 무지하다는 것을 아느냐 모르느냐에 달렸다고도 한다.

최근 몇 년 사이에 나는 내적 평화가 더 커지고 깨달음에 대한 의식이 더 깊어진 것을 느꼈다. 하지만 나는 아직도 십대 때부터 해온 대로 장작을 패고 물을 긷는다. 비록 일의 종류는 바뀌었지만, 여전히 날마다 돈이 될 일을 하고 있다. 나는 매일 건강을 유지하기 위해 운동을 하고, 적당히 먹고, 이를 닦고, 화장실에 간다. 첫 아이가 태어난 이래 과거 30년 동안, 그리고 일곱 명의 자식을 더 키워낸 오늘까지 나는 기본적으로 똑같은 걱정을 하고 있다. 어떻게 아이들을 보호하고, 먹이고, 가르치고, 다룰 것인지를. 나는 가족의 일원으로서 그들의 생활을 걱정하며 계속 장작을 패고 물을 긷는다. 깨달음은 일상의 문제들을 해결하기 위한 수단이 아니다. 그렇다면 깨달음을 통해 얻은 선견지명이 당신을 위해 해 줄 수 있는 일이 뭐란 말인가? 일상의 허드렛일을 해결해 주지도 않고, 문제가 없는 고요한 생활로 이끌지도 못한다면 말이다.

깨달음은 당신의 외부 세계를 바꾸어 놓지는 않을 것이다. 하지만 그것은 세상을 다루는 당신의 방법을 바꿀 것이다. 예를 들어, 이전에 나는 아이들의 행동에 따라 감정 상태가 좌우되곤 했다. 하지만 지금은 부모 노릇을 하는 데 있어서 아이들이 내 것이라는 소유욕과 애착을 버리게 되었다. 이제 나는 여덟 살짜리 딸아이의 짜증을 대하면서, 그것은 아이가 관심을 끌기 위해 하는 행위라고 해석한다. 딸의 어린애 같은 행동에 휘말려 화를 내고 싶은 마음은 없다. 내 아이들 역시 이런 식의 초연한 관점에서 많은 것을 배웠다.

초연함이란 무관심한 태도가 아니다. 초연해지면 자신을 위해 언제나 평화로운 방법을 선택할 수 있다. 아직도 매일 감당해야 할 똑같은 문제, 사건, 일이 존재한다. 육신 속에 있는 한, 나는 장작 패기와 물 긷기를 계속해야 한다. 하지만 같은 일이라도 그것에 접근

하는 방법에 따라 깨달음이 생기는 것이다.

전에는 지저분한 기저귀를 갈거나, 애들 가운데 하나가 마룻바닥에 토해 놓은 것을 치워야 했을 때 심한 혐오감을 느꼈다. 나는 이렇게 말했다. "이건 도저히 할 수 없어. 이걸 치우다간 구역질이 나올 거야." 그리고 그 일을 피해 버리거나, 어쩔 수 없는 상황이라면 후각을 찌르는 냄새에 괴로워했다. 그런 태도는 부모 노릇을 즐겁지 않은 임무로 전락시킬 뿐 아니라 육체적으로도 영향을 미친다.

요즘 나는 더러운 기저귀나 토사물 더미를 보고도 완전히 다른 태도로 다가갈 수 있다. 놀라운 일은 내가 더 이상 전과 같은 육체적 반응을 보이지 않는다는 것이다. 내 생각이 완전히 바뀌었기 때문이다. 기저귀나 토사물은 내가 깨닫기 전에도 거기 있었고 깨달은 후에도 거기 있다. 하지만 깨달은 다음에는 초연한 태도로 그 일을 할 수 있으며, 그 결과는 평화를 가져다 준다. 『기적이 일어나는 과정』이라는 책에서 이런 글을 읽었다. "나는 이것보다는 차라리 평화를 선택할 수 있다!" 나는 그 확언 하나가 깨달음에 관한 모든 것을 망라한다고 생각한다. 즉, 장작을 패고, 물을 긷고, 빨래를 하고, 물건을 나르는 등의 일을 하는 동안 평화로움을 선택할 수 있다는 것이다.

깨달음이 당신을 자유롭게 해 주는 것은 아니다. 그보다는 당신이 자유 그 자체가 되는 것이다. 하늘을 나는 독수리가 되는 것이 아니라 하늘 그 자체가 되는 것이다. 당신은 더 이상 육신의 한계 때문에 스스로를 제한하지 않게 된다. 당신의 몸이 우주 자체가 되며,

보고 행하는 모든 것에 영적인 방법으로 깊이 연결된다. 깨달은 다음에는 가장 세속적인 일을 포함한 모든 일들을, 신을 알기 위한 기회로 다루기 시작한다. 정신적으로는 자기 자신을 모든 사물, 모든 사람과 동일시하므로 온 세상을 평화로운 마음으로 대한다. 꽃과 나무를 선입견으로 분류하지 않게 되고, 자연과 접촉하는 일에 더욱 빠져들게 된다.

이 간단하고 짧은 화두는, 수천 년 동안 깨달음을 구한 사람들을 통해 전해 내려온 대단한 선물이다. 당신 안에서나 밖에서나 눈에 보이는 것을 바꿀 필요는 결코 없다. 단지 보는 방법을 바꿀 필요가 있을 뿐이다. 이것이 깨달음이다!

✤ 깨달음 ✤

● - 자신의 '무지'를 깨닫고 그렇다는 것을 스스로 표현하자. 절망의 순간에 당신이 탓하는 사람은 누구이며, 어떤 경우이고, 자신이 얼마나 자주 그 함정에 빠지는지 눈여겨보자. 아직 깨달음을 얻지 못했다는 사실을 아는 것이, 그 상황을 전환시킬 수 있는 방법이다. 무지한 사람들은 대개 자신들의 무지를 모른다는 사실을 기억하자.

● - 깨달음이란 앞으로 주위 환경이 좀더 나아지면 언젠가 달성할 수 있는 것이라고 생각하면 안 된다. 장작을 패고 물을 긷는 것처럼, 당신에게는 늘 해야 할 일이 있다. 그 일을 어떻게 보는가는 당신의 선택에 달렸다.

● - 평화에서 멀어지게 하는 일들이 있다. 그런 일에 대해 지금까지와는 다른 방법으로 대처해 보자. 예를 들어, 교통 체증이 심하거나 오래 줄을 서야 해서 짜증이 잔뜩 날 때, 이를 현대생활의 일상적인 일로만 보지 말고 이 상황을 이용해 마음을 다스려 보자. 마음속에 여유를 가질 수 있는 공간을 마련하자.

● - 마지막으로, 깨달았다고 해서 결코 겉으로 드러내선 안 된다. "나는 깨달았다."고 말하는 사람은 절대로 깨달은 사람이 아니다. 진지한 구도자는 세 번 이상 질문을 받은 다음에야 대답한다는 것이 참선의 교리다.

잘라루딘 루미

35 슬픔의 달콤한 맛_슬픔의 극복

나는 비탄이 슬픔을 한 잔 마시는 것을 보고 꾀었다. "달콤하지, 그렇지?" 그러자 비탄이 대답했다. "나를 알아버렸군. 그리고 내 사업을 망쳐버렸어. 이게 축복이라는 걸 당신이 알았으니, 이제 난 어떻게 슬픔을 팔고 다닐 수 있지?"

아, 비탄에 잠기는 걸 좋아할 수도 있을까. 많은 책에서는, 비탄이란 상처의 회복을 위해 대단히 중요한 과정이라고 말한다. 더 나아가, 상실감을 극복하고 온전한 정신을 회복하기 위해 반드시 경험해야 할 단계라고까지 말한다. 잘라루딘 루미 성인은 13세기경, 오늘날 우리가 아프가니스탄이라고 알고 있는 지역에 살면서 글을 쓴

• 잘라루딘 루미(1207~1273) 페르시아의 신비로운 시인이자 수피(Sufi) 성인. 신과 하나 되고 싶은 영혼의 성스러운 열망과 자아를 넘어 성취할 수 있는 순수한 사랑에 대해 글을 썼다.

신비주의 시인이다. 중세에 쓴 그의 메시지는, 비탄이란 회복 과정에서 견뎌 내야 하는 필요악 같은 것이라기보다 축복이라고 말한다. 비탄은 절대로 슬픈 것이 아니라 우리 삶의 어두운 순간에 늘 마련되어 있는, 달콤한 신의 음료수를 마실 기회라는 것이다.

대부분의 사람들에게 비탄은 상실이나 비극적인 사건이 일어났을 때 반응하는 방식이다. 살면서 고통스러운 경험을 함으로써 비탄에 빠지는 것은 자연스러워 보인다. 그러나 우리가 루미의 말에 담긴 지혜를 안다면, 이 비탄의 과정을 슬쩍 비껴가서 슬픔을 달콤한 맛으로 바꿔 놓을 수 있을 것이다.

나는 가장 위대한 가르침 중 하나를 『카발라』라는 책에서 얻었다. 이것은 잘라루딘 루미의 가르침과 마찬가지로, 수세기 전에 만들어진 유대교의 신비로운 텍스트이다. 내가 얻은 그 간단한 교훈은 "인생을 살면서 몰락을 경험하면, 우리는 자신을 더 높은 단계로 끌어올릴 에너지를 얻게 된다."는 것이었다. 나는 고대의 이 지혜로운 말을 읽고 또 읽었다. 그 지혜는 어려운 순간이 찾아올 때마다 날카로운 고통을 누그러뜨려 주었다. 절망에 빠진다는 것은 우리를 더 높은 곳으로 끌어올려 줄 에너지가 그 안에 있다는 뜻이다.

우리 인생에는 사고, 질병, 재정적인 곤란, 관계의 단절, 화재나 홍수, 재산의 손실, 혹은 죽음과 같은 절망적이고 어두운 시간이 존재한다. 그 시간은 우리를 고통, 분노, 거부, 그리고 슬픔 속으로 빠뜨린다. 대부분이 그렇듯이, 당신도 슬픔 속에 깊이 가라앉아 자신의 불행을 사람들에게 말하고 싶을 것이다. 하지만 마침내 긴 시간이 지나면, 당신은 그것을 딛고 일어나 포용하는 상태에 이르게 된다.

상실이나 몰락이라고 당신이 이름 붙인, 살면서 일어났던 그 사건들을 돌이켜 보라. 그리고 그 일들이 이미 예정되었던 일이라고 가정해 보라. 슬픔을 가져다 준 그 사건은 '반드시' 겪어야 했던 일이고, 당신이 그 사실을 알고 있었다고 가정해 보라. 그리고 이제 당신이 거기에 걸맞은 행동을 선택할 수 있다고 생각해 보라. 분명 이런 가정은, 지금껏 큰 재앙이나 죽음에 대해 배웠던 것과는 상충하는 것이다. 당신의 감정을 무시하라는 말이 아니다. 루미의 시각에서 본 진리가 고통스런 상황에 반응하는 또 다른 방법을 제시한다는 말이다. 슬픔 안에 있는 선물이나 달콤함을 열린 마음으로 받아들이라는 것이다.

이 세상은 우리 모두를 꼭 필요로 하는 합리적인 체계라서, 거기에 우연이란 없다. 바로 지금 여기, 슬픔의 한가운데서 배울 것이 있다. 당신은 이런 교훈을 받아들여 즐거운 확신을 맛볼 수 있다. 비극을 좋아하는 척할 필요는 없으나, 그것을 더 높은 경지에 올라갈 수 있는 에너지로 사용하겠다고 마음먹을 순 있다. 루미가 800년 전에 그랬듯이 슬픔을 불러내서 이렇게 말하라. "달콤하군. 그렇지?" 이 달콤한 슬픔 가운데서 분명 배울 것이 있다. 나는 이런 식으로 슬픔을 이겨낼 것이고, 슬픔을 파는 상인의 장사판을 뒤엎을 것이다.

원시사회에서 죽음은 축하의 기회였다. 슬픔과 비탄의 시간 속에서도 그들은 기본적인 사실을 잊지 않았다. 사람이 이 땅에 도착

한 것도 떠나는 것도 신의 타이밍에 의해서라는 사실을. 그 모든 것은 질서에 따라 이뤄진다는 사실을. 우주는 모든 일을 완벽하게 수행한다. 그 완벽한 힘은, 우리가 일생 동안 겪은 수많은 고통을 포함하여 창조물의 세포 하나하나에 흐르고 있다.

고등학생 때 나는 육상팀의 높이뛰기 선수였다. 나는 스탠드에 가로막대를 설치하고, 뒤로 10여 미터 물러서서 자세를 잡았다. 전력 질주해 가로막대 너머로 온몸을 던질 준비를 하며, 에너지를 증폭시키기 위해 최대한 몸을 낮췄다. 더 높이 솟구치려면 몸을 낮추었다가 점프를 해야 한다. 고등학교 육상팀 시절의 경험은 루미의 메시지와 유사한 면이 있다. 그것은 『카발라』의 메시지이며, 당신에게 전하는 나의 메시지이기도 하다.

비탄이 단지 슬픔의 내적 표현일 뿐이라면, 그것은 우리를 끝도 없는 밑바닥까지 추락시킬 것이다. 우리는 한없는 슬픔 때문에 꼼짝도 하지 못하고 죄책감과 고통에 짓눌릴 것이다. 그러나 이런 절망 안에 달콤한 축복이 있다는 사실을 알면, 슬픔을 떨쳐 버릴 수 있다. 몰락이 있기에 우리는 다시 일어설 발판을 얻고, 황폐한 삶의 구덩이에서 빠져나와 위로 솟구치게 된다.

여기 비탄이라는 딜레마에 대한 몇 가지 대안이 있다.

✤ 도약을 위한 시련 ✤

● ― 슬픔에 잠겨 있는 순간에 아주 침착하게 말해 보자. "내적으로나 외적으로나, 이 상실감을 넘어서서 고통을 축복으로 바라볼 수는 없을까?" 그리고 자신의 반응을 잘 살핀 후 그대로 따라 보자. 당신은 절망에 대해 좀더 나은 반응을 보이게 될 것이다.

● ― 상실감을 정직하게 드러내는 연습을 해 보자. 상실감을 느끼고, 그것을 표현하는 모든 과정 속에서 축복을 느낄 수도 있다. 즉각적인 변화를 바라지는 말자. 내가 다를 수 있음을 인정하고, 느끼는 그대로 내버려 두자.

● ― 모든 절망은 축복이며 모든 상실은 신의 질서라는 사실을 알게 되면, 점차 슬픔을 달콤하게 여기게 될 것이다. 그리고 삶의 모든 영역에서 더 높은 곳으로 날아오를 에너지를 얻게 될 것이다.

미켈란젤로

36 손에 닿는 희망은 위험하다_희망

너무 높아
이룰 수 없는 목표보다
더 위험한 것은
너무 낮아
손에 닿아 버리는 목표이다.

　　나는 25년이 넘게 라디오와 텔레비전 토크쇼에 고정 출연해,
방청객들과 대화를 나누고 토론을 벌였다. 이런 쇼를 진행하면서 가
장 많은 비판을 받았던 부분은, 내가 비참한 상황에 놓인 사람들에
게 희망적인 말을 너무 많이 한다는 것이었다. 사람들은 그것이 위

・・**미켈란젤로(1475~1564)** 이탈리아의 화가이자 조각가, 건축가, 시인이었으
며 르네상스의 시각 예술사에서 탁월한 업적을 남겼다.

험할 수도 있다고 말했다. 하지만 나는 너무 많은 희망을 갖는 것이 어떻게 위험한지 여전히 이해할 수가 없다.

누군가가 불치병을 진단받았다고 이야기하면, 나는 정반대의 결과를 목표로 삼으라며 용기를 준다. '시간이란 것이 생긴 이래로, 한 번 일어났던 기적은 다시 일어나게 마련'이라는 법칙에 대해 나는 자주 말한다. 그 법칙은 폐기된 적이 없으며 아직도 책에 실려 있다고 설명한다. 그리고 다른 사람의 경우를 예로 든다. 누군가는 '6개월밖에 못 사니 집에 가서 죽기를 기다리라'는 말을 들었는데도 결국 그 질병을 이겨 냈다고 말이다. 나는 매일 많은 사람들에게서 편지를 받는다. 그들은 다른 사람들이 제시한 낮은 목표와 낮은 희망을 거부했던 사람들이다. 그들의 편지에는 어려운 시기에 받은 희망의 메시지가 얼마나 고마웠는지 적혀 있다.

미켈란젤로는 89세의 나이로 생을 마쳤다. 지금으로 따지면 130세가 넘은 나이에도 여전히 조각하고, 그림을 그리고, 글 쓰고, 디자인을 했다. 희망과 목표를 높게 가져야 한다는 이 유명한 글은 그의 경험에서 우러나온 것이리라. 위험은 잘못된 희망에 있는 것이 아니라, 희망이 없거나 희망이 낮은 데 있다. 그 결과 우리의 목표는 실현되기도 전에 잘못된 믿음에 의해 사그라진다.

이것은 육체적 질병을 극복하는 것뿐만 아니라 실제 우리 삶에서 일어나는 모든 일과 관계가 있다. 이 세상은 목표를 낮게 잡는, 생각의 범위가 좁은 사람들로 가득 차 있다. 그들은 이 소심한 생각을 다른 이들에게도 강요하고 싶어한다. 정말 위험한 것은 기대를 접고 포기하거나, 자신에 대해 아주 낮은 기준을 적용하는 것이다. 많은 사람들이 역사상 가장 위대한 예술가로 꼽고 있는 미켈란젤로의 말에 주의를 기울이자.

나는 플로렌스에 있는 〈다비드〉 상 앞에 섰을 때 꼼짝도 할 수 없었다. 대리석 밖으로 금방 뛰쳐나올 것 같은 그 크기, 위엄, 정신을 통해서 미켈란젤로는 "목표를 높게 잡아라."고 말하고 있었다. 어떻게 그런 걸작을 만들 수 있었느냐는 질문을 받았을 때 그는 이렇게 대답했다. "〈다비드〉 상은 이미 대리석 안에 있었으며, 나는 그저 다비드가 탈출할 수 있도록 나머지 부분을 쪼아냈을 뿐입니다." 그의 목표는 정말 높았다. 그의 드높은 목표는 시스티나 성당에도 잘 드러나 있다. 미켈란젤로는 성당의 천장에 그림을 그리기 위해 1508년부터 1512년까지 4년 동안 드러누운 채 날마다 작업을 했다. 군소 예술가들은 불가능하다고 여겼을 일이었다. 하지만 미켈란젤로는 그 일을 마다하지 않았다. 그리고 대단한 에너지, 대단한 재능, 정말 대단한 목표로 가득 차 평생 동안 더 많은 일을 했다.

실제로 미켈란젤로의 예술은 모두 한 가지 아이디어를 표현하고 있다. '사랑은 신에게로 향하는 인간의 투쟁을 돕는 것이다.' 이것은 그가 쓴 300편의 소네트를 포함해 그의 그림, 조각, 건축 디자인 모두에 표현되어 있다. 이탈리아에서 은행업자의 아들로 태어나 비천한 유년기를 보낸 이 남자는 희망이 높고, 꿈이 크고, 그리고 기대를 낮춘다는 걸 견딜 수 없었기에 르네상스 시대와 인간의 역사를 통틀어 가장 존경받는 리더로 떠올랐다.

몇 년 전, 아내와 함께 발리의 시골 마을을 걸어가고 있을 때였다. 우리는 마을 입구에 앉아 있는 한 노인이 구름 만드는 일을 한다는 이야기를 들었다. 사람들은 그 노인이 단지 생각만으로 가뭄에 비구름을 만들어 낼 수 있다고 믿었다. 그 얘기를 들으면서, 구름 만드는 일 같은 건 인간의 능력 밖에 있다는 회의감이 나도 모르게 들었다. 하지만 지금은 그 상황에서 하나의 진실을 깨닫는다. '아무도 비관론자가 될 만큼 많이 아는 사람은 없다.'

이제 나는 우리 아이들과 함께 풀밭에 누워 구름을 만들곤 한다. 이웃 사람들은 구름을 만들 수 있다고 믿는 우리 아이들을 보면서 좀 이상하다고 중얼거릴지도 모른다. 하지만 나는 아이들 중 하나가 "봐요, 아빠! 내 구름을 아빠 것에 부딪히게 했어요!"라고 소리치는 걸 들으면서 이웃들의 그런 비관주의를 무시해 버린다. 나는 그런 생각이 결코 위험하다고 생각하지 않는다. 나는 미켈란젤로의 말에 전적으로 찬성한다. 목표가 너무 낮아서 우리 손에 닿아 버리는 것이 더 위험하다.

미켈란젤로의 충고는 500년 전 그의 인생에도 적용되지만, 오늘날 우리 인생에도 적용할 수 있다. 비관적인 생각으로 당신에게 영향을 끼치려는 사람들의 말을 절대로 듣지 말라. 〈다비드〉, 〈성모자상〉, 그리고 시스티나 성당 천장의 황홀한 프레스코화를 통해 빛나고 있는 미켈란젤로의 능력을 신뢰해 보자. 모든 인류를 하나로 묶어주는 우주적 정신을 공유한 이 예술가와 의식적인 접촉을 해보라.

그가 이룩한 것들은 내가 이 장 처음에 제시한 메시지로부터 나온다. 목표를 높이 두어라. 기대치를 낮게 잡지 말라. 무엇보다도, 희망을 너무 많이 가지면 위험하다는 이상한 생각에 유혹당하지 말라. 높은 희망은 삶을 치유하는 쪽으로 당신을 인도할 것이다. 그리고 당신만의 명작을 만들어 내도록 도울 것이다.

✤ 목표는 높게 ✤

● ─ 능력의 한계를 지적하는 사람들의 말에 흔들리지 말자. '능력의 한계를 따지면 얻는 것은 한계일 뿐'이라는 사실을 항상 기억하자.

● ─ 절대로 목표를 낮게 잡거나 기대를 낮추지 말자. 당신은 성스러운 신의 모습을 타고난 인간이다. 당신은 기적의 원인을 제공할 수도 있고, 직접 기적을 만들어 낼 수도 있다.

● ─ "위대한 사람은 늘 평범한 사람들의 격렬한 반대에 부닥친다."는 알베르트 아인슈타인의 말을 기억하라. 그리고 희망을 가져라.

● ─ 살아가면서 이루지 못한 일이 있다면, 89세의 나이에도 그림을 그리고, 조각을 하고, 글을 썼던 미켈란젤로를 떠올려라. 그는 당신에게 이렇게 말한다. 원하는 것은 무엇이든 이룰 수 있으며, 가장 큰 위험은 희망을 너무 많이 가지는 것이 아니라 희망이 없는 것이라고.

37 관대한 전쟁의 서글픈 왕국_평화

울지 말아요, 아가씨, 전쟁은 관대하니까

울지 말아요, 아가씨, 전쟁은 관대하니까.
당신의 애인은 억센 두 손을 번쩍 들어 항복했고
놀란 말은 혼자서 달아나 버렸으니,
울지 말아요.
전쟁은 관대해.

목쉰 소리, 큰 소리로 울리는 연대의 북소리,
싸움에 목마른 나약한 영혼들.
이 남자들은 훈련받고 죽기 위해 태어났지.
그들의 머리 위에 서려 있는 설명할 수 없는 영광.
전쟁의 신은 위대하고 위대하네.
그의 왕국은 무수한 시체가 누워 있는 들판.

울지 말아라, 아가야, 전쟁은 관대하단다.

네 아빠는 황토색 참호 속에서 뒹굴고,
가슴에 차오르는 분노를 억누른 채 죽었으니.
울지 말아라.
전쟁은 관대하단다.

재빨리 타오르는 연대의 깃발,
붉은색과 황금색 문장으로 꾸며진 독수리.
이 남자들은 훈련받고 죽기 위해 태어났지.
그들에게 학살의 덕목을 강조하라.
살인의 훌륭한 점을 쉽게 설명하라.
그의 왕국은 무수한 시체가 누워 있는 들판.

아들의 화려한 수의에 달린 단추처럼
심장이 얌전하게 매달려 있는 어머니,
울지 말아요.
전쟁은 관대하답니다.

─────────────

• • 스티븐 크레인(1871~1900) 미국의 소설가이자 시인, 종군기자. 『붉은 무공
훈장』으로 널리 알려져 있다. 29세의 나이로 요절했지만 미국 문학에 길이 남을
작품들을 남겼다.

열네 명의 아이들 중 막내였던 스티븐 크레인은 짧지만 매우 폭발적인 삶을 살았다. 그는 아주 매혹적이면서도 혐오스러운 주제를 다루었다. 그의 첫 번째 소설 『거리의 여인 매기』는 한 불쌍한 소녀가 슬럼가에서 태어나 몸 파는 신세로 전락하여 결국엔 자살에 이르는 내용으로 거리의 폭력과 그로 인한 희생을 그렸다. 1893년에 이런 소재는 문학에서 금기로 여겨졌다. 그래서 그는 이 책을 자비로 출판했으며 익명을 사용해야 했다. 이어 1895년에 전쟁의 공포를 다룬 그의 대표적인 소설 『붉은 무공훈장』을 출간했다.

그는 폭력에 대한 혐오, 희생자들과 짓밟힌 자에 대한 동정심을 글로 풀어냈다. 동시에 그는 이런 폭력을 직접 겪어 보고 싶어서 유곽의 포주였던 사람과 한동안 함께 살기도 했다. 그는 취재기자이자 저널리스트로서 지구상에서 전쟁이 터지는 곳이라면 어디든지 달려갔으나 그리 오랜 경력을 쌓진 못했다. 미국과 스페인의 전쟁을 취재하며 쿠바에 머물던 중 말라리아와 결핵에 걸려 스물아홉의 나이에 죽었다.

그가 심오한 반어법으로 쓴 이 시는 전쟁의 공포를 비난할 뿐만 아니라 모든 폭력에 반대하는 전형적인 발언이라고 생각된다. 그 폭력에는 우리가 매일 목격하는 인간에 대한 인간의 비인간성, 가슴속의 분노가 포함된다. 이런 것들은 전쟁과 같은 파괴력을 지녔으며, 시인이 한탄하는 주제이기도 하다. 반어적인 시 「전쟁은 관대하다」는 그가 "나약한 영혼"이라 표현한 이들에 대한 논평이다. 그들은 싸우기를 갈구하며, 학살처럼 무서운 일에서 미덕을 찾고, 수천

구의 시체가 널린 들판에서 위대함을 찾는 영혼들이다. 나는 내 안에서도 이 나약한 영혼의 잔재를 찾아본다. 이 시는 내 강한 영혼이 나약한 영혼에게 승리하고, 모든 폭력에 대한 호기심이나 이끌림을 억누르도록 일깨워 준다.

세상 곳곳에서 울고 있는 처녀들을 버려둔 채 총을 들고 돌아다니는 사람들이 있다. 그들은 전쟁터에서, 집에서, 학교에서, 거리에서, 운동장에서 울음이 그치지 않게 한다. 그들은 모두 훈련받고 죽으려고 태어난 사람들 같다. 이런 학살은 전쟁과 살인, 폭력과 분노에 이끌린 결과다. 그래서 우리는 가장 두려워하는 그 일을 우리의 삶 속으로 끌어들인다. 우리는 시인 스티븐 크레인과 같이 매혹적이면서도 혐오스러운 유행에 휩쓸려 살아간다. 만약 그 나약한 영혼에게 재갈을 물리지 않는다면 우리 역시 설명할 수 없는 전쟁 신의 영광에 이끌려 수많은 시체가 누워 있는 그의 왕국을 찾는 희생자가 될 것이다.

우리는 폭력과 살인에 매력을 느낀다. 생명의 가치를 땅에 떨어뜨리고 살인을 오락거리로 삼는 액션 영화에 정신이 팔려 있는 것만 봐도 알 수 있다. 관객을 만족시키기 위한 폭력 영화는 우리가 인식하든 못하든 대가를 치르도록 한다. 우리는 권총을 들고 다닐 필요와 권리를 옹호한다. 그로 인해 총은 인기 품목이 된다. 총기 사업자들은 모든 남자와 여자, 어린이들이 총 한 자루씩 갖는 것을 목표로 삼고 있으며, 우리는 날마다 거기에 점점 더 가까워지고 있다. "울지 말아요, 전쟁은 관대해."

하지만 울어야 할 일은 많다. 눈물은 마르지 않는다. 사랑하는 사람들이 전쟁과 불필요한 폭력에 이끌려 그 희생양이 되고, 처녀들은 매순간 고통 속에서 울부짖는다. 우리는 지구상에서 가장 난폭한 사회에 살고 있다. 우리의 '지도자'들은 인간의 권리 옹호를 명분으로 사람들을 처벌하느라 바빠서 해마다 죽거나 장애자가 되는 수십만 명을 살펴볼 겨를이 없다.

우리는 전쟁, 살인, 폭력에 이끌리는 것을 막아야 한다. 그러기 위해 먼저 우리 마음을 살펴 우리의 영혼이 그런 유혹을 이겨 내도록 해야 한다. 우리의 강한 영혼은 우리 모두가 보이지 않는 힘에 의해 서로 연결되어 있으며 그것을 깨달아야 함을 알고 있다. 폭력과 살인을 사소한 오락거리로 만들어선 안 된다. 우리의 어린 아들들에게 자신들은 훈련받고 죽기 위해서, 전사한 뒤 무공훈장이나 타기 위해서 태어나지 않았다고 가르쳐라. 우리는 그들이 폭력을 부끄럽게 여기고, '전투에서의 승리'라는 미명하에 과장되게 부풀려진 분노를 억제하도록 길러야 한다. 또한 우리는 경쟁을 극복하고 서로 협력해야 한다. 아메리카 원주민의 교훈 중에 다음과 같은 것이 있다. "가지들끼리 서로 싸울 만큼 바보스럽게 가지를 많이 치는 나무는 없다." 이 위대한 지혜를 아이들과 자신에게 가르쳐라.

선거를 할 때는 무기와 장전된 탄약으로 가득 찬 세상에 반대하는 사람을 뽑도록 하라. 우리의 지도자는 어떤 대가를 치르더라도 대량살상용 핵폭탄에서 소구경 권총에 이르기까지 살인을 위해 고안된 모든 무기를 끝장내기 위해 노력하는 사람이어야 한다. 무엇보다도 우리는, 우리의 나약한 영혼이 폭력이 아닌 친절과 사랑에 이끌리도록 자신의 마음속을 들여다봐야 한다.

인간 정신에 대한 탐구로 평생을 보낸 올더스 헉슬리는 임종시에 인류에게 전하는 조언을 부탁받자 이렇게 대답했다. "우리가 꼭 해야 할 일은 서로에 대해 좀더 관대해지는 것입니다." 그는 아주 단순한 해결책을 제시해 주었다. 전쟁은 분명 친절하지 않다. 이 세상 전체에서뿐만 아니라 모든 것이 시작되는 우리 개인의 삶에서도 친절만이 해결책이다.

✤ 평화 지원하기 ✤

● — 어떤 종류의 영화나 TV, 책이라도 살인과 폭력을 부추김으로써 생명의 가치를 떨어뜨리는 일에는 참여하지 말자.

● — 어린이들이 살인보다는 친절에 가치를 두도록 가르쳐야 한다. 그들이 장난감 총과 무기를 갖고 노는 것을 말리고, 그 이유를 말해 주어라. 살인을 흉내내는 놀이보다는 친절을 베푸는 놀이를 하면 그들이 세상을 바꿀 수 있다고 설명하라.

● — 폭력의 충동을 자제하자. 그리고 분노보다는 친절의 대열을 따라 자신을 다시 프로그래밍하라. 그렇게 되면 분노가 나타날 때, 강한 영혼이 나약한 영혼을 순화시킬 것이다.

● — 지구상에서 폭력의 근절을 사명으로 삼는 기구를 지원하자. UN에서부터 각 지역 그룹에 이르기까지, 평화적인 사람을 위원이나 공무원으로 뽑는 조직들이 많이 있다. 그런 기구들을 지원하자.

38

프란체스코
오늘을 위한 800년 전의 기도_기도의 의미

주여,
저를 당신의 평화의 도구로 써 주옵소서.
미움이 있는 곳에 사랑을,
상처가 있는 곳에 용서를,
의심이 있는 곳에 믿음을,
절망이 있는 곳에 희망을,
어둠이 있는 곳에 빛을,
그리고 슬픔이 있는 곳에 기쁨을 심게 하소서.
오, 전능하신 주여,
위로하는 것만큼 위로받기를,
이해하는 것만큼 이해받기를,
사랑하는 것만큼 사랑받기를 구하지 않게 하소서.
받는 것은 주는 것 안에 있고
용서받는 것은 용서하는 것 안에 있으며
영생은 죽음 안에 있사오니.

이 간단한 기도는 역사에 기록된 모든 기도 중에서 가장 유명하며, 생명력이 가장 길다. 이 시에는 육신의 형태로 살고 있는 인간이 영적인 존재가 되고자 깊이 갈망하는 마음이 잘 나타나 있다. 프란체스코 성인은 이 기도에서 인간의 자아가 가장 높은 수준에 도달하는 데 꼭 필요한 내용들을 묘사하고 있다. 나는 때때로 이 기도를 조용히 외운다. 때로는 소리 높여 읊어 보기도 한다.

이 기도를 암송하노라면 프란체스코 성인과 직접 만나는 듯한 느낌이 든다. 그는 언젠가 우리들 사이를 걸어 다녔던, 가장 신성하고 영적인 인간이었다. 그를 통해 흘렀던 보이지 않는 신의 힘은 당신과 내 속에도 흐르고 있다. 나는 그의 삶에 큰 감동을 받은 나머지, 아시시를 직접 방문하여 그가 걸었던 숲을 똑같이 걸어 보고 그가 수없이 기적을 행했던 교회에서 기도한 적도 있다.

오랫동안 회자되어 온 이 기도는 기도의 참 의미를 말해 준다. 많은 사람들에게 기도란 신에게 특별한 부탁을 들어 달라고 간청하는 것을 의미한다. 성녀 테레사의 기도에 관한 언급도 우리에게 큰 교훈을 준다. 그녀는 이렇게 말했다. "모든 기도를 오직 한 가지에 집중시켜라. 그 한 가지는 당신의 뜻이 신의 뜻과 일치하도록 하는 것이다." 이 말은 프란체스코 성인의 기도와 정확히 같은 뜻을 담고 있다. 두 사람 모두 기도란 우리 외부에 있는 어떤 존재에게 무언가

• • **프란체스코**(1182~1226) 프란체스코 수도회의 창설자로, 모든 살아 있는 존재를 형제자매로 불렀으며, 자연에 대한 사랑과 기쁨으로 신앙을 표현했다.

를 부탁하는 것이 아니라고 말한다. 그들은 오히려 신이 바라는 것을 전달하는 수단이 되고 싶어한다. 이것은 우리 대부분에게 아주 놀라운 관점이며, 정신적인 깨달음을 향한 첫 발자국이 되어 준다.

증오가 있는 곳에 사랑을, 절망이 있는 곳에 희망을, 그리고 어둠이 있는 곳에 빛을 주고자 힘을 청하는 것은, 우리를 가두고 있는 편협한 마음과 비판에서 자유롭기를 바라는 것이다. 또한 우리의 일부인 창조주에게 바치는 강력한 사랑의 표현이기도 하다. 최근에 나는 바로 그렇게 해 볼 기회를 가졌다.

얼마 전 동료 셋과 함께 복식으로 테니스 시합을 했다. 경기가 진행되어 감에 따라 상대 팀이 밀리기 시작했는데, 그 중 한 사람이 짜증을 내며 불쾌해 했다. 그는 경기하는 동안 자주 라켓을 집어던지고 욕설을 퍼부었고, 경기가 끝난 후에는 악수도 거절한 채 코트에서 나가 버렸다. 다른 두 사람은 그의 행동과 태도를 비난했다. 나도 끼어들어 그가 얼마나 바보 같은지 한 마디 하고 싶은 유혹이 밀려왔다. 하지만 프란체스코 성인의 기도를 암송하며 간신히 그 유혹에서 벗어날 수 있었다. "절망이 있는 곳에 희망을…… 슬픔이 있는 곳에 기쁨을 심게 하소서……."

코트에서 나오자 한쪽 구석에 화나고 상처 받은 그가 있었다. 나는 다가가 그를 껴안고 이렇게 말했다. "누구나 안 좋은 순간이 있잖아요." 내가 이런 식으로 할 수 있었던 것은 말을 잘해서가 아니었다. 다른 대륙에서 나보다 800년이나 앞서 살았던, 신과 같이 진솔한 성인의 말이 그날 테니스 코트에서 나를 통해 그 사람의 귀에 들어

간 것이다.

우리는 결코 혼자가 아니며 우리 안에 신이 살고 있다는 것을 기억하면 기도하는 태도가 달라진다. 위험하지 않게 보호해 달라고 하는 대신에 두려워하지 않을 힘을 바라는 것이다. 또한 고통을 제거해 달라고 하기보다는 그것을 초월하고 극복할 수 있는 능력을 청할 수 있다. 이 순간 우리에게 필요한 것, 우리에게 도움이 될 것이 뭔지 알고 있다고 더 이상 가정하지 말라. 오히려 한 번도 요구해 본 적 없는 것들이 가장 이로운 것일 수도 있다. 셰익스피어는 이런 말을 남겼다. "우리는 자신을 너무 모르기 때문에 종종 스스로에게 해가 될 것들을 구한다. 그런데 현명한 신은 우리를 위해서 그것을 거절한다."

프란체스코 성인의 기도는 일상생활에 위로와 이해와 용서와 자선을 실천하는 방법을 말해 준다. 우리는 모두 이런 능력을 가지고 있고, 자주 이런 행동을 하려고 마음먹기도 한다. 그러나 우리는 우리와 동떨어져 있다고 생각하는 신을 포함하여 다른 사람들에게 '우리'를 위로해 달라고, '우리'를 이해해 달라고, '우리'를 용서해 달라고, '우리'에게 뭔가를 달라고 너무나 자주 요구한다.

이 간단한 기도를 암송하는 것만으로도 영적으로 성장하는 단계를 밟아갈 수 있다. 우리는 이기심을 버리고 신성한 자아가 우리의 삶을 지배하도록 할 수 있다. 이 기도의 내용을 깨닫거나 실천하는 것은 매우 개인적이면서도 동시에 우주적인 일이다. 우리는 삶을 변화시킬 만큼 강력한 힘을 얻게 되고, 무한한 존재와 친분을 나누게 된다. 프란체스코 성인이 제시한 방법을 통해 삶을 살아갈 힘과 용기를 구하라.

내가 즐겨 인용하는 어떤 스승과 제자의 이야기가 있다. 스승이 제자에게 "신이 어디 있는지 말하면 너에게 오렌지를 하나 주겠다!"고 말했다. 그러자 제자가 대답했다. "신이 없는 곳을 말해 주시면 스승님께 오렌지 두 개를 드리겠습니다!" 이 이야기가 주는 교훈은 바로 신은 어디에나 있다는 것이다. 당신이 기도할 때, 당신은 자신의 일부분인 조용하고 강력한 존재, 영원의 존재에게 기도하는 것이다. 그 존재와 당신이 분리돼 있다는 생각을 버리고 그와 친하게 지내라. 그런 다음 프란체스코 성인이 말한 신성한 말들을 실행하라. 그리고 가능하면 많은 장소에서 날마다 그 말들을 실행하라. 랠프 월도 에머슨은 기도라는 주제로 다음과 같은 글을 남겼다.

"개인적인 목적을 이루기 위한 수단으로서의 기도는 도둑질이요 비천한 짓이다. 그것은 자연계와 정신세계가 서로 다르다는 이원론을 전제로 한다. 사람이 신과 하나가 되는 순간, 그는 구걸하지 않는다. 그는 모든 행동이 기도라는 것을 알게 될 것이다."

프란체스코 성인의 말을 다음처럼 일상생활 속에서 실행해 보기 바란다.

✠ 내 마음의 기도 ✠

● ― 프란체스코 성인의 기도를 매일 조용히 암송해 보자. 기도를 입에 올리기만 해도 그날 하루 종일, 어느새 그 기도에 따라 행동하는 자신을 보게 될 것이다.

● ― 어떤 사람하고 어떤 일로든지 얼굴을 마주할 일이 있으면, 그를 가족이나 손님으로 대하자. 행동하기 전에 자신에게 이렇게 물어 보자. "내가 이러는 것은 필요에 의한 것인가, 아니면 친절한 마음에서 우러나오는 것인가?" 그리고 진심으로 친절하게 행동하자. 이기심 때문에 생기는 갈등은 무시해 버리자.

● ― 신문을 읽거나 텔레비전 뉴스를 볼 때, 이전에 당신이 미워했던 존재가 나오면 사랑하려고 노력해 보자. 어려운 일이겠지만, 미워하는 마음을 억누르고 사랑하자. 이렇게 조심스러운 태도를 가지면, '눈에는 눈' 이라는 식의 사고를 극복하게 될 것이다.

● ― 당신에게 피해를 입힌 과거의 모든 사람들에 대해 자신의 솔직한 마음을 들여다보자. 고통이 남아 있다면 용서를 베풀자. 용서는 정신적으로 깨어날 수 있는 가장 근본적인 요소이다.

39

조지 버나드 쇼
가장 밝게 타오른 후 스러져라_존재의 목적

삶의 진정한 기쁨은, 당신이 절대자라는 '목적'을 위해 사용되는 존재라는 것. 육체는 병들고, 욕심 많으며, 허황되고, 이기적이다. 세계가 자신의 행복을 위해 헌신하지 않는다며 불평한다. 하지만 '나'는 그 육체가 아닌, 조물주의 힘을 위해 사용되는 존재이다. 내 삶은 전체 사회에 속해 있다. 그것을 위해, 내가 살아 있는 동안 가능한 일은 무엇이든 하는 것이 내 특권이다.

나는 철저하게 소모된 다음 죽기를 원한다. 더 열심히 일할수록 더 오래 살 것이다. 나는 삶 자체를 즐긴다. 인생은 더 이상 '곧 꺼질 촛불'이 아니다. 인생은 잠시 들고 있는 영롱한 횃불 같은 것이다. 다음 세대에게 넘겨주기 전에 가능하면 밝게 타오르고 싶다.

• • **조지 버나드 쇼(1856~1950)** 아일랜드의 극작가이자 비평가, 사회개혁가. 자신의 이론과 주장을 펼치기 위한 도구로 연극과 에세이를 이용했다. 그 안에는 정치경제적 사회주의, 창조적 진화론, 생체 해부 반대론, 채식주의, 그리고 철자법 개혁 등의 내용이 담겨 있다.

조지 버나드 쇼는 구십대에 이르러서도 극작가, 문학 평론가, 교수, 음악 평론가, 연극 평론가, 그리고 모든 주제를 망라하는 수필가로 활약했다. 그는 1925년 『성자 후안(Saint Joan)』으로 노벨문학상 수상자가 되었으나 수상을 거부했다. 그는 아주 매혹적인 작품 『인간과 초인(Man and Superman)』으로 유명하며, 『피그말리온(Pygmalion)』을 집필하기도 했다. 영화 〈마이 페어 레이디〉는 이 작품을 각색한 것이다. 위에 인용한 단락은 17세기 이래 가장 뛰어난 아일랜드의 극작가로 불리는 쇼가 어떻게 살았는지를 정확히 보여 준다.

쇼가 죽었을 때 나는 열 살이었는데, 아직도 그의 부음 기사를 읽던 기억이 난다. 나는 그의 인생 철학에 언제나 매료되었다. 그는 위 인용문에서 우리 인생을 '절대자'라는 '목적'을 위해 사용하는 것으로 한 단계 고양시켰다. 우리가 원래의 목적을 타고난다는 관점은 우리의 자아 이미지에 직접 투영된다. '세계가 자신의 행복을 위해 헌신하지 않는다며 불평하는 병들고, 욕심 많으며, 허황되고, 이기적인 이 작은 육체'라고 묘사된 이미지를 동경할 사람이 누가 있겠는가? 아마 아무도 없을 것이다. 하지만 사람이란 이런 묘사에 딱 들어맞는 존재 같지 않은가?

스스로를 조물주를 위한 힘이라 생각하고 인생을 즐기는 이들은 생을 충실하게 사는 사람들이다. 그들은 불평을 늘어놓거나 우는 소리를 하는 사람이 아니다. 그들은 단순히 바쁘기 위해서 움직이는 것이 아니라, 삶의 활동을 즐기는 사람들이다. 하찮은 불평에 신경 쓸 시간도, 관심도 없다. 어쩌면 마음속에 불평하는 행위 자체가 입

력되어 있지 않을 수도 있다. 쇼는 이렇게 자신에게 빠져 살지 말고 인생의 진정한 기쁨을 즐기라고 충고한다. 그러려면 먼저 자신이 '목적'을 위해 쓰이는 존재라는 것을 느껴야 한다.

역동적이고 기지에 찬 철학자는 이 인용문에서 인생에 대한 자신의 엄청난 열정을 전하며 우리에게도 모든 사람, 모든 사물에 대해 열정적인 태도를 보이라고 권한다. 불평을 늘어놓거나 우는 소리를 하지 말고, 인생에 대한 일상적인 사고방식을 바꿔 소극적인 성향을 없애라고 쇼는 말한다. 또한 살아가면서 생기는 결과물이나 보상을 위해서가 아니라 순수하고 단순하게 인생 자체를 위해 즐기라고 한다. 이 조언은 자기 역할을 완벽하게 해낸 위대한 인간의 경험에서 나온 것이다. 소극적인 행동이나 행복의 조건을 찾는 행위를 그만두라. 대신 우리가 누구를 만나든, 무슨 일을 하든, 거기엔 인생의 본래 목적이 담겨 있다는 행복한 사실을 기억하라. 어떻게 그럴 수 있을까?

내 방법은, 쇼가 기술한 원칙을 훼손하는 사람들의 공간에 들어가지 않는 것이다. 불평이 들리기 시작하면 나는 가능한 한 빨리 그 자리를 빠져나온다. 부정적으로 해석될 만한 말이나 행동은 일절 하지 않는다. 그런 상황을 주변에 두지도 않는다. 나는 말을 적게 할수록 불평할 것도 적어진다는 사실을 깨달았다. 20여 년 전, 쇼의 이 글을 읽은 다음부터 나는 "피곤해.", "기분이 안 좋아.", "감기 들었어."와 같은 말들을 의식적으로 쓰지 않기로 했다. 그렇게 함으로써, 피곤과 질병에 대한 내적인 자세를 바로잡게 되었다. 불평을 그친

것뿐인데도, 나는 실제로 이런 병에 잘 걸리지 않게 되었다.

　　너무 피곤하다거나 감기에 걸린 것 같다고 말하는 사람에게 나는 이렇게 대답한다. "피곤하다는 생각을 버리세요.", "감기 생각을 버리세요." 나를 어리둥절한 표정으로 보는 사람도 있지만 대부분은 무슨 뜻인지 알아챈다.

　　조지 버나드 쇼의 이 조언을 따른다면, 마음의 상태를 정말 바꿀 수 있다. 스스로를 절대적인 존재로 여기며 자만심과 불평을 버리고 인생을 찬란한 횃불로 여긴다면, 쇼가 말한 '삶의 진정한 기쁨'이 무엇인지 알게 될 것이다. 나는 철저하게 소모된 후 죽기 원한다는 쇼의 생각에 공감한다. 이 말은, 우리를 멈춰 서게 만드는 생각이나 성스러운 임무로부터 분리시키려는 생각들을 버리라는 뜻이다. 우리는 조물주를 위해 사용되는 힘이며, 어떤 목적을 위해 이 세상에 왔다는 사실을 기억하고, 이에 반하는 생각이나 행동을 하지 말라는 것이다. 그 부정적인 생각들을 먼저 똑바로 인식한 다음, 차례차례 없애 나가도록 하라.

　　이런 조언은 조지 버나드 쇼 같은 천재에게는 어울리지만, 당신에게는 걸맞지 않다고 생각할지도 모른다. 왜냐하면 당신은 스스로를 이기적이고 하찮은 육체로 평가하기 때문이다. 이런 태도는 당신의 자아 이미지를 스스로 결정하게 만든다. 하지만 쇼는 당신 역시 자아 이미지를 바꿀 수 있다고 말한다. 기억하라. 자아 이미지는 자신에게서 나온 것이다. 다른 누구를 탓할 일이 아니다. 순전히 당신의 몫이다.

이 말은 젊은 시절 이후 줄곧 내 인생에 길잡이가 되어 왔다. '허황되고 이기적인 이 작은 육체'에 대한 대안으로 다음을 실천해 보자.

✤ 일상 즐기기 ✤

● ― 삶에서 일어나지 않길 바라는 것은 절대로 입 밖에 내지 말자. 다른 사람들에게 자신이 병들고, 피로하고, 두렵다고 말하려 할 때 잠깐 멈추자. 뭐든 다 할 수 있다고 떠들지도 말자. 대신 조용히 침묵하자.

● ― 끊임없이 불평을 해대며 부담을 주려는 사람들과는 되도록 거리를 두자.

● ― 새로운 것에 흥미를 갖거나 새로운 계획에 착수해 활기 있게 살자. 또는 일상적 삶을 즐기려 노력하자. 초라한 자아 이미지는 버리자. 자기를 훼손하는 꼬리표를 붙이거나 그런 언급을 하지 말자. 당신에게 그렇게 말하는 사람이 있다면, 더 이상 그런 식으로 인식되기를 원치 않는다고 알리자.

웨인 W. 다이어

40 내가 확신하는 것은 우리의 사랑뿐
__사랑의 기적

브리스베인

브리스베인.
신이 우리에게 모습을 드러낸 곳.
오직 우리 두 사람만 그 존재의
신비와 존엄을 알고 있다.
불가능한 승산에 맞서서…….
영원에 대한 우리의 관계는
더욱 공고하고 강력해졌다.
하지만 모순은 늘 사라지지 않는다…….
우리는 통제되고 있다.

· · 웨인 W. 다이어(1940~) 한 여자의 남편이자 여덟 아이의 아버지다. 작가
와 강사로 일하고 있으며 이 책을 비롯한 수많은 저서를 남겼다.

또한 통제되고 있지 않다.

우리는 선택하도록 운명지어졌다.

내가 확신하는 것은 우리의 사랑뿐,

영혼 깊이 간직되어 있는.

이 책은 시나 철학을 감상하려는 것이 아니라, 우리 일상생활에 필자들의 지혜를 적용하기 위해 씌어졌다. 이 책에 소개한 모든 글은 한때 이 지구상에 살았던 창조적이고 능률적이며 감수성 뛰어난 개인들의 메시지를 전하고 있다.

최고의 시인들과 예술가, 철학자들이 쓴 광휘의 모음과 더불어 나의 글을 직접 선정하여 묶으면서 주제넘은 일을 했다는 생각도 들었다. 그러나 그 불편한 마음을 감수하고, 내 시 「브리스베인」을 이 책에 포함시키기로 결정했다. 이 시는 정상적이고 평범한 한 남자가 마음에서 우러나오는 감정을 담아 아내에게 바치는 시이다. 순수한 경외심과 영감에 찬 순간에 지어진 이 시는 나에게 있어 사랑의 노동이었다. 나는 이 시를 쓰게 된 뒷이야기를 여러분에게 들려 주고 싶었다.

여러분도 나처럼 손에 펜을 들고, 사랑하는 사람에게 가슴 깊숙한 곳에 자리한 감정을 표현해 보기 바란다. 자신을 대시인들과 부당하게 비교하려는 마음을 떨쳐 버리고.

이 시의 제목 '브리스베인'은 오스트레일리아 북부에 있는 한 도시의 이름이다. 나는 1989년 그곳에서 내가 신이라고 부르는, 전 우주에 작동하고 있는 한 힘의 존재를 의심할 여지 없이 절대적으로 느꼈다. 그것은 '신을' 알게 된 경험의 시작이었다. 그때까지는 나는 단지 '신에 대해서' 알고 있었을 뿐이었다.

당시 나는 아내 마셀린과 각각 한 살 반, 세 살 반이었던 두 아이와 함께 오스트레일리아에서 강연회를 열고 있었다. 그날 나는 수많은 청중 앞에서 강연을 했고 저녁때쯤 녹초가 되어 브리스베인에 있는 호텔로 돌아왔다. 내 침대에는 첫째가 누워 있었고, 아내는 옆 침대에서 둘째 아기에게 젖을 먹이고 있었다.

그리고 새벽 4시 5분, 그 전에도 혹은 그 후에도 일어나지 않았던, 말로는 표현하기 힘든 일이 일어났다. 아내는 깊이 잠들어 있다가 깨어나 방을 정리하기 시작했다. 그러더니 내 침대에서 첫째를 안아 둘째 옆에 함께 누였다. 그녀는 내 침대로 기어 들어와 내 곁으로 바짝 다가왔다. 이것은 마셀린의 평소 모습이 아니었다. 게다가 그녀는 하루 종일 아이에게 젖을 먹이느라 무척 피곤했을 터였다. 놀라서 반쯤 깬 상태로, 나는 꿈을 꾸고 있다고 생각했다.

아내는 지난 8년 동안 젖을 먹이거나 임신한 상태였다. 그래서 월경이 줄곧 완전히 멈춘 상태였다. 더구나 그녀는 난소 하나를 제거한 수술 때문에 다시는 임신하지 못할 거라고 확신하고 있었다. 그리고 우리는 분명히 피임을 하고 있었다. 하지만 이 모든 것에도 불구하고, 새벽 4시 5분에 오스트레일리아의 브리스베인에서 우리

막내딸 세이지가 잉태되었으며, 1989년 11월 16일 세이지가 이 세상에 태어났다.

그 순간 내 아내를 깨운 것은 뭐였을까? 늘 자기관리가 철저해서 거의 강박관념에 사로잡힌 듯 보이는 여인에게 이런 이상한 행동을 야기한 것은 무엇이었을까? 그날 밤에 도대체 어떤 힘이 작동했을까? 그 책임은 누구에게 있는 걸까?

세이지는 우리의 결혼 생활에서 아내와 나를 묶어 주는 사랑의 힘이 되었다. 기묘한 그날 밤을 통해 아내가 임신했음을 알았을 때 아내와 나는 같은 생각을 했다. 우리가 더 이상 아이를 갖지 않겠다고 결정했음에도 우리를 통해 이 세상으로 그 작은 천사를 보내 준 어떤 힘이 있다는 생각을 말이다. 외과 수술, 피임, 폐경, 배란의 부재, 그리고 외국 땅에서의 깊은 수면. 이런 것들은 이 세상에 모습을 나타내기 위해 투쟁하는 생명력에게는 별로 대단치 않은 장애물이었다.

1989년 어머니날에 나는 아내를 위해 「브리스베인」이라는 시를 썼다. 그리고 오스트레일리아 여행 때 산 액자에 그 시를 넣었다. 하지만 내가 얼마나 많은 말을 썼고, 얼마나 진지하게 그 특별한 경험을 전달하려 했느냐와 상관없이, 오직 우리 두 사람만이 '그 존재의 신비와 존엄을' 알고 있다. 그때부터 지금까지 나는 내 삶에서 신의 존재를 한순간도 의심해 본 적이 없다. 믿지 않는 사람들과는 길게 이야기하지 않는다. 내가 알고 있는 것에 대해 누군가를 설득할 필요가 없기 때문이다. 나는 그냥 글이나 강연에서 그걸 말할 뿐이다. 그리고 아내를 위해 쓴 간단한 시에서 표현할 뿐이다.

우리는 모든 상황을 책임지는 건 우리 자신이라고 여긴다. 하지만 동시에, 우리 삶에 결정된 무언가를 바꿀 수 없다는 걸 안다. '선택하기로 운명지어졌다' 는 말의 패러독스는 항상 명확하다. 그것은 우리가 통제되고 있으며, 동시에 통제되고 있지 않다는 뜻이다. 나는 이런 수수께끼와 함께 사는 것이 신을 알아 가는 과정이라고 생각한다.

당신도 이와 비슷한, 기적과도 같은 시나리오를 통해 이 땅에 도착했다. 당신의 심장은 임신 후 몇 주 만에 어머니의 자궁 안에서 뛰기 시작한다. 그리고 이것은 모든 사람들에게 완전한 미스터리다. 아무것도 없는 데 어떻게 생명이 나올 수 있을까? 임신 이전에 그 생명은 어디에 있었을까? 창조의 순간에 무슨 일이 일어났을까? 우리는 걷고, 숨쉬고, 패러독스를 말하고 있다. 또한 우리는 서로의 사랑을 영원히 가슴에 새기면서, 그 사실을 머리가 아닌 가슴으로 받아들이기 위해 노력한다.

이 경외심을 간직하고서 인생의 모든 순간, 창조의 모든 요소에 감사하라. 그러나 어딘가에, 당신 내부의 깊은 곳에, 당신 의식의 작은 구석에 신의 존재가 있어 당신과 전 우주를 통해 작용하고 있음을 기억하길 바란다. 그리고 그것은 결코 실수하지 않는다는 사실을 기억하라. 우리는 모두 그 일부분이며, 조화롭고 질서정연하게 움직이고 있다.

마지막에 소개한 이 글은 당신에게 주는 메시지일 뿐 아니라

1989년 초, 그 순간에 대한 헌사이기도 하다. 이 책을 덮으면서 당신과 함께 꼭 나누고 싶은 제안을 마지막으로 하려 한다. "당신이 선택한 길 위에서 당신과 함께 걷고 있는 존재가 누군지 안다면, 모든 두려움이 사라질 것이다."

나마스테!(우리 모두가 하나 될 수 있는, 당신 안에 있는 그곳을 나는 존경한다.)

당신의 마음속에 그들의 지혜가 살아 반짝이게 하고,
당신의 삶이 더 빠르고 강하게 고동치도록 하라.

지은이 · 웨인 다이어 Wayne W. Dyer

전 세계에서 가장 큰 영향력을 발휘하는 명상의 대가. 사회와 조직에서 '개인'을 중시하는 의식혁명을
제창하여 폭발적인 호응을 얻었으며, 세계적인 베스트셀러 작가로서 명성을 얻고 있다. 국내에 소개된
대표작으로『행복한 이기주의자』,『자유롭게』등이 있다.

옮긴이 · 김성

고려대학교 영문과 졸업.『레이디 경향』,『사람과 산』등의 기자로 활동했다. 현재는『카이엔』편집주간.
옮긴 책으로『월든』,『남겨진 사람들』,『역사와 지리를 키우는 50가지 방법』등이 있다.

웨인 다이어
내 마음의 붓소리

1판 1쇄 인쇄 2006년 12월 25일
1판 1쇄 발행 2006년 12월 30일

지은이 웨인 다이어
옮긴이 김성
펴낸이 고영수
펴낸곳 추수밭
등록 제406-2006-00061호(2005.11.11)
주소 413-756 경기도 파주시 교하읍 문발리 파주출판도시 518-6
전화 031)955-7460(영업), 031)955-7461(기획·편집)
팩스 031)955-7450(영업), 031)955-7465(기획·편집)

www.chungrim.com
cr2@chungrim.com

ISBN 89-92355-02-5 03320

잘못된 책은 교환해 드립니다.